three approaches to qualitative research through the ARtS

ARtS와 질적연구

이론과 현장의 만남

문승호 저 · 황여림 역

박영story

차례

CHAPTER 3 • 따뜻한 마음은 적극적 시민의식이에요!

CHAPTER 4 • 아우성은 적극적 시민의식이에요!

CHAPTER 5 • 공동체 없는 ARtS 공동체

CHAPTER 6 • ARtS, 사회 정의, 그리고 질적 연구 방법론

한국어판 저자 서문

코로나 바이러스(COVID–19)의 창궐로 새로운 삶과 교육의 규준에 대한 논의가 뜨거운 주제가 되고 있습니다. 예술, 심미적 경험, 그리고 적극적 시민의식이라는 다소 생소한 듯한 단어가 어우러져 탄생한 이 책이 새로운 규준을 상상하고 이를 구체화하는 기회가 되었으면 하는 바람으로 한국판 저자 서문을 간단하게 적어 봅니다. 2013년 처음 ARtS(Aesthetic, Reflexive thoughts & Sharing: 심미적이고 자기 성찰적인 사고와 나눔) 프로젝트를 기획하는 과정에서 맥신 그린(Maxine Greene) 교수님의 심미 이론이 그 초석이 되었습니다. 맥신 그린 교수님에 따르면 심미적 경험(aesthetic experience)은 마취된(anesthetic) 의식 상태를 깨우고 새로운 세상을 상상하고 이를 구체화할 수 있는 원동력이 됩니다. 존 듀이(John Dewey)는 심미적이라는 뜻의 형용사 aesthetic/esthetic에 부정을 표시하는 접두어 an을 붙이면 마취된 이라는 뜻의 anesthetic이라는 반대말로 변한다고 강조하는데, 맥신 그린 교수님은 이 접근을 확장하여 예술과의 적극적인 체험과 타인의 교류가 마취된 의식을 깨우고 "널리 깨어있음"(wide–awakeness)으로 나아가는 핵심이라고 주장합니다.

교육과정 이론을 통해 교육계를 조망하고 새로운 관을 모색하는 저자는 맥신 그린 교수님의 심미 교육을 어떻게 교육 현장에 접목할지 고심하는 가운데 ARtS Initiative를 고안하고, 교육의 소외지역에 있는 학생들을 대상으로 2년에 걸친 예술 중심 방과 후 프로그램을 실행하였습니다. 이 프로젝트에서 예술이란 한 개인이 즐기고 표현하고 감상하는 사적인 영역에서 벗어나, 타인과 관점을 나누고 인식과 공감의 지평을 넓히며 또 다른 세상을 향해 함께 상상하며 이를 위해 실천해가는 과정으로 새롭게 정의됩니다. 개인의 문화적, 경제적, 사회적 배경에 상관없이 모든 학생들이 공평한 교육을 받을 수 있는 기회와 그 결과의 균등, 사회의 주류문화에 속하지 않더라도 자신감 넘치게 학교생활을 할 수 있는 모습, 그리고 나와 사고방식이 다른 이들에게 열린 마음으로 다가가고 이를 포용하고자 하는 의지와 노력이 있는 사회를 꿈꾸는 모습들이 ARtS Initiative 프로젝트를 통해 소박하게나마 기술되어 있습니다.

최근 박물관 교육을 비롯하여 교육학, 사회과학, 의학, 간호학, 사회복지학 등 제반 학문에서 질적 연구 방법론이 주요한 연구 방법론으로 부각되고 있습니다. 다양한 질적 연구 방법론을 현장 연구에 어떻게 접목하면 좋을지 고민하는 연구자들에게 이 책이 도움이 되었으면 하는 바람입니다. 질적 연구 방법론을 가르치면서 어떻게 이론적 배경을 연구자료 수집과 분석에 접목할지 어려움을 겪는 학생들을 자주 마주하게 됩니다. 이 책에서 소개하는 "현상학, 비판이론, 후기구조주의"라는 세 가지 주요 이론이 어떻게 연구 문제를 설정하고 참여 관찰지, 인터뷰, 연구 저널자료 등을 분석하는지에 유용한 자료가 되었으면 하는 바람으로 이 책을 저술하였습니다.

ARtS Initiative 프로젝트를 구상하고 실행하는 가운데 주춧돌이 되어주신 황어림 박사님께서 한국어 번역까지 맡아주셨습니다. 다시 한번 감사의 말씀을 전합니다. 맥신 교수님의 저작 Releasing the Imagination을 『상상의 나래펴기』(박영스토리, 2019)로 번역할 수 있도록 지원해 주시고 이 책의 번역 작업에도 다리를 놓아 주신 박영사의 조성호 이사님과 이선경 차장님, 배근하 과장님께도 감사의 인사를 전합니다. 심미 교육에 관심 있는 독자에게 『상상의 나래펴기』는 이 책을 이해하는 데 이론적 뒷받침이 될 것입니다.

COVID-19를 거쳐 가면서 급격히 다가온 또 다른 삶의 패러다임에서 새로운 규준을 상상하고 이를 구체화하려는 작업들이 한창입니다. 이 자그마한 책자가 1990년대 한국사회에서 확산된 신자본주의의 씨앗과 무한경쟁의 가치를 대체하고 공공선, 함께 사는 공동체, 경쟁보다는 협력이라는 덕목을 우선시하는 사고전환의 틀을 제기하기를 고대해 봅니다.

시카고에서

문 승 호

역자 서문

『ARtS와 질적 연구: 이론과 현장의 만남』은 교육학 연구에서 질적 연구의 필요성과 교육과정에 있어 예술의 역할을 강조한다. 이 책은 ARtS Initiative라는 프로젝트를 통해 적극적 시민의식과 공동체라는 추상적인 개념을 대하는 학생들의 진지한 태도와 그들의 창의적이고 기발한 상상력 발현의 순간을 생생하게 포착하여 우리에게 또 다른 교육의 가능성을 제시한다. ARtS Initiative는 역자와도 특별한 인연이 있다. 미국 오클라호마 주립대학교에서 박사과정에 재학 중인 시절, 역자는 동양인으로서 서양에서 경험하는 문화의 차이, 자신과 타자 사이에서 인지되는 차이와 모호성을 어떻게 인식하고 다룰 것인가 등의 질문에 심취해 있었다. 그 와중에 문승호 교수님의 예술과 심미적 경험을 통해 다양성에 접근하는 교육과정학 관련 수업은 나에게 진정한 탐구의 문을 열어 주었다. 문승호 지도 교수님과 함께 ARtS 프로젝트를 진행하는 동안 일주일에 두 번 스틸워터(Stillwater)에서 털사(Tulsa)로 1시간 남짓의 거리를 이동하여 학생들을 만났다. 연구 공동 책임자로서 수업을 준비하고, 교사연수 회의에 참여하고, 학생들의 이야기에 함께 웃고 감동하던 때가 엊그제 같은데 이렇게 연구를 잘 마무리하고 번역을 맡아 한국의 독자들에게 ARtS Initiative의 교육 가치를 소개할 수 있어서 개인적으로 큰 의미가 있고 감사한 일이다. 귀국하여 박물관 교육에 종사하고 있는 지금, ARtS와 함께

했던 맥신 그린(Maxine Greene) 교수님의 심미적 교육 철학과 상호 관계성 연구의 핵심은 관내 교육 프로그램을 설계하고 박물관에서 방문객들의 다양한 경험들을 연구하는 나에게 커다란 정신적 버팀목이 되어주고 있다.

한국의 교육과정 연구의 이론과 실천에 이 책이 제시할 중요한 의미는 다음의 두 가지로 볼 수 있다. 첫 번째로 질적 연구의 주요 인식론적 토대가 되는 세 가지의 이론적 틀(현상학, 비판적 문화기술, 후기구조주의)의 배경을 상세히 소개하고 연구 문제에 적용하는 과정을 예를 들어 설명하여 연구의 초석이 되는 인식론적 바탕과 방법론적 기술과의 조화를 보여준다. 또한, 방법론적 딜레마를 짚고 넘어감으로써 독자들에게 질적 연구에 있어 중요하게 다루어야 할 "경험"의 개념을 다시 생각해 보게 하고, 그 의미의 복잡성을 분석함에 있어 다각적이고 유연한 접근의 중요성을 강조한다. 무엇보다도, 기존 질적 연구의 자료 분석 방법의 한계점과 복잡성을 언급하며 자료 분석, 재현, 당위성에 대한 재고의 필요성을 불러일으킨다. 현상학적, 비판적 문화기술 연구, 후기구조주의 이론의 시각으로 본 ARtS 프로젝트의 연구는 연구 목적에 따라 현실을 이해하고 분석하는 서로 다른 관점들을 제시하고 이론과 실천을 연결하는 다양한 질적 교육 연구의 방향을 제시하는 길잡이가 될 수 있을 것이다.

두 번째로 이 책은 ARtS 프로젝트를 통해 교육학에서 예술을 통한 심미적 경험의 중요성을 강조함으로써, 학생들에게 상상력을 구체화 할 동기를 부여하고 표현할 수 있는 통로를 마련해 준다. ARtS Initiative에서는 학생들에게 예술의 기법을 강조하기보다는 예술을 통한 자기 성찰적 사고와 생각의 나눔을 실천하여, 적극적 시민의식과 공동체는 이미 정해지지 않은 다른 어떤 것일 수 있음을 상상하게 한다. 특히 메타포를 통해 생각의 물꼬를 터주는 과정은 학생들의 생각을 확장시키고 타자와의 대화의 가능성을 열어준다. 또한 서로의 대화를 통해 역사적, 사회적, 경제적 담론 형성의 맥락을 이해하게 되고, 때로는 당연히 여겨지는 현실에 의문을 제기하게 한다. 이는 현실의 자동 반사적이고 자칫 수동적일 수 있는 배움의 환경에서 학생들이 질문하고 탐색할 기회를 찾게 하고 학습의 주도권을 갖게 할 것이다. 예술을 통한 심미적 교육은 학생들에게 일상에서 배움의 경험을 인식하게 하고 그 의미를 적극적으로 찾을 수 있게 도와줄 것이라 믿는다.

문득 박사과정 수업 중 학생들과 미국 원주민 박물관을 방문해서 전시장 중앙에 놓여 있던 체로키 부족의 바구니를 그려 보았던 순간이 기억에 남는다. 유물 주변에 옹기종기 모여 앉은 대학원생들은 각자에게 보이는 대로 바구니 모양을 그렸는데 같은 바구니를 보고 그려낸 그림들이 너무도 다양해 놀랐던 순간이 생생하게 그려진다. 바구니 전체를 그린 학생, 윗부분, 아랫부분을 집중해서 그린 학생, 바구니의 문양을 확대해서 그린 학생 등등 보는 대상은 같았어도 각자에게 보이는 부분, 강조하고 싶은 부분들을 모두 다르게 표현하였다. 학생들이 그려낸 각자의 바구니 모습들은 한 공동체 안에서의 다른 관점들을 있는 그대로 보여 주었고, 서로의 생각을 표현하고 나누는 과정에서 타자의 입장을 이해하고 미처 보지 못한 부분들을 볼 수 있었다. 내가 꿈꾸는 박물관 교육도 맥신 그린이 강조한 예술을 통해 상상하고, 익숙하지 않은 것을 인지하고, 서로의 생각으로부터 배우는 '공공의 장소'를 제공함에 뜻을 같이 한다. 그러한 의미에서 이 책 『ARtS와 질적 연구: 이론과 현장의 만남』은 한국의 교육학 연구에 예술을 통한 다문화, 심미적 교육의 구체적인 방향을 제시하는 동시에 교육의 현장에서의 질적 연구의 필요성과 이론적 실천의 가치를 전파하는 요긴한 안내서가 될 것이다.

삶은 배움의 장이고 깨달음의 순간들은 나의 삶을 풍요롭게 한다. 예술, 상상, 공간 안에서 사람들과 나누는 경험의 특별함, 그리고 그 배움을 통한 사회 변화의 가능성을 인지할 수 있게 해 준 ARtS의 철학과 문승호 교수님의 이끌어 주심에 항상 감사드린다. 또한 「ARtS와 질적 연구」의 한국어 번역 출판 작업을 도와주신 박영스토리의 이선경 차장님, 배근하 과장님, 조정빈 선생님께도 감사의 인사를 전한다.

풀짚공예박물관에서

황 여 림

감사의 글

많은 분들의 도움으로 이 책 『ARtS와 질적 연구: 이론과 현장의 만남』의 출판이 가능하였습니다. 무엇보다도, ARtS(Aesthetic, Reflexive thoughts, & Sharing: 심미적, 자기 성찰적인 사고와 나눔)의 기획부터 실행, 출판까지 지원해 주신 모든 분들께 감사를 드립니다. 또한, 프로그램에 열심히 참여하고 저에게 세상을 다른 각도에서 보게 해준 ARtS에 참여했던 학생들에게 감사의 인사를 전합니다. 학교 교사들과 예술가 교사들인 베스 하워드(Beth Howard), 자넬 바넷(Janelle Barnett), 모니카 플래내건(Monica Flanagan), 사만다 포트만(Samantha Portman), 테레사 레히터(Teresa Rechter), 커너 윙필드(Conner Wingfield), 그리고 아리 크리스토퍼(Ari Christopher)는 예술을 통해 학생들에게 적극적 시민의식을 고취시키는 방법에 대한 전문성과 훌륭한 생각들을 공유해 주었습니다. 학생들을 모집해 주고 학부모와 보호자들과의 연락을 취하는 데 큰 도움을 준 커뮤니티 코디네이터들, 특히 마가렛 셸턴(Margaret Shelton)과 이 프로젝트를 허락해 주시고 ARtS 팀을 환영해 주신 교장선생님들께 다시 한 번 감사의 뜻을 전합니다.

여러 기관들의 후원이 ARtS Initiative의 연구와 책 출판을 가능하게 해주셨습니다. 오클라호마 주 예술 의회(Oklahoma Arts Council)가 ARtS Initiative의 연구계획서를 수락하였고, 2013년에서 2015년까지 연구 진행을 지원하였습니다. 당시의 오클라호마 주립대학교(Oklahoma

State University)의 사범대학 학장이었던 파멜라 시시 캐롤(Pamela Sissi Carroll) 박사는 이 프로젝트를 재정적으로 또 심적으로 지원해 주었습니다. 또한, 로욜라 대학교 시카고(Loyola University Chicago-LUC)의 여름방학 연구 지원금 덕택으로 이 책의 제안서를 쓸 수 있었고, 테리 피곳(Terri Pigott)과 앤 마리 라이언(Ann Marie Ryan) 박사님들이 지원해 주셨습니다. 로욜라 대학교 시카고의 연구 지원부서(Office of Research Service)에서 출판 지원금을 통해 교정본을 편집할 수 있었습니다.

프로젝트 동안 예술기반 연구(art-based inquiry)에 남다른 열정을 갖고 연구 책임자, 대학원 연구 보조, 중요한 친구로서 함께 한 풀짚공예박물관의 황어림 박사님에게 특별한 감사의 말을 전합니다. 박사님의 도움이 없었더라면 이 프로젝트를 성공적으로 완수하지 못했을 것입니다. 연구승낙서 준비, 학교 연락, ARtS 활동의 전사, 사진 촬영과 자료 분석을 도와 준 메리 댄리(Mary Danley)와 녹음된 자료를 전체적으로 전사 작업한 나탈리 아스티가라가(Natalie Astigarraga)에게도 고마움을 전하는 바입니다. 로욜라 대학교 시카고의 제나 넬슨(Jenna Nelson)은 ARtS 자료를 분석하였고, 문헌연구에 참여하여 제3장에 마음 메타포들로 글을 수록하였습니다. OSU의 로빈 푹사(Robin Fuxa) 박사님은 이 프로젝트의 고안을 도와주었고 학교들을 함께 방문하였습니다. 그리고, 캐더린 캐슬(Kathryn Castle), 팸 브라운(Pam Brown), 홍위 왕(Hongyu Wang), 제니퍼 좁(Jennifer Job) 박사들에게 이 프로젝트를 성공적으로 진행할 수 있도록 지원해 준 것에 감사 인사를 드리고 싶습니다. 팀 슐라이스(Tim Schlais)는 연구 지원 제안서를 제출하고 보고서를 작성하는 과정에서 실질적인 도움을 주었습니다.

또한 컬럼비아 대학교 티처스 칼리지(Teachers College, Columbia

University) 박사과정에 재학 시절 저에게 교육과정 이론들(특히 후기구조주의자 이론들과 자서전적 탐구)을 심오하게 소개시켜주고 공부하게 이끌어 주신 자넷 밀러(Janet Miller) 교수님께 감사드립니다. 또한, 교육과정 연구와 질적 연구를 소개해 주시고 학문적 성장의 초석이 되어주신 한국의 김명희 은사님과 김영천 교수님께도 감사 인사를 드리고 싶습니다. 찰리 토치(Charlie Tocci) 박사는 이 분야에서 저를 위해 지속적으로 기회를 만들어 주고, 이 책을 위한 아이디어도 제공하였습니다. 저의 부모님과 형제자매들은 그들의 삶의 난관을 통해 나에게 끈기를 가르쳐준 역할 모델들입니다. 아내 고진영 박사와 딸 문세린은 공동체에서 감사함과 책임감의 중요함을 가르쳐 주었습니다. 이 책을 끝내기까지 배려해 주고 기다려준 아내에게 고마움을 전합니다. 책을 마무리하는 동안 갓 태어난 세린이 덕분에 시민의식에 대해 다시금 생각해 보게 되었고 신생아를 적극적 시민의식의 메타포로 이 책 마지막에 작성해 보았습니다. 이 책의 겉표지의 사진은 100일 무렵 세린이가 희망과 신뢰로 나의 손가락을 잡고 있는 모습입니다.

ARtS Initiative에 대한 몇 편의 연구 논문을 출판하였고 이 책을 위해 이전에 출판했던 부분을 수정하였습니다. 이 책에 등장하는 모든 참여자의 이름은 가명입니다. ARtS Initiative의 내용을 세 가지 주요 이론적 틀과 함께 엮었으며 다양한 분석들과 표현들을 제시하였습니다. 이 책은 다음의 기존 저널과 출판물에서 책 출간에 대한 허락을 받았으며 이들 내용을 수정 보완하여 출간하였습니다. 기존의 출판물에 확장되고 건설적인 피드백을 제공한 익명의 검토자들에게 고마움을 전합니다.

· 제3장은 Moon, S., Nelson, J. M., Hwang, Y., & Danley, M. (2017). Heart is active citizenship: Reimagining civic education. *Creative Education*, 8, 1673－1681. doi:19.4263/ce.2017.810113 (Open Access journal article, published under the Creative Commons CC－BY license)와 Moon, S. (2016). "Active cit－izenship is an awesome party!" Creating in－between spaces for the school－community－university partnership. *Teaching Artist Journal, 14*(3), 145－153의 수정본입니다.

· 제5장은 Moon, S. (2016). The ARtS community without community: Imagining aesthetic curriculum for active citizenship. *Sage Open*, July－September, 1－11, doi:10.1177/2158244016 664772 (Open Access journal article, published under the Creative Commons CC－BY license)의 수정본입니다.

· 제2장과 6장의 부분들은 Moon, S. (2016). Poststructural the－orizing of "experiences": Implications for qualitative research and curriculum inquiries. *Journal of Qualitative Inquiry*, 2(1), 33－65에 출판되었습니다.

저는 이 책을 ARtS Initiative를 디자인하고 실행할 수 있도록 영감을 주신 맥신 그린(Maxine Greene) 교수님께 바칩니다. 2014년 작고하시기 전에 ARtS 학생들의 작품을 교수님과 함께 나눌 수 있어서 영광이었습니다. 맥신 그린 교수님께서는 저에게 세상을 계속해서 "다를 수 있는 것처럼(look at things as if they could be otherwise)" 보라고 독려하셨습니다. 그녀에게 멘토와 친구로서 제 삶의 일부분이 되어주신 것과 저에게 많은 기회를 열어주신 것에 대해 감사드립니다.

사진/표 차례

CHAPTER 01

소개의 글

CHAPTER 01

소개의 글

상상력과 심미적 경험

공동체란 함께 하는 것, 열린 공간이다. 학생들이 닫힌 공간의 저 너머를 본다면 열린 사고를 좋아할 것이다.

(Maxine Greene, 저자와 대화 중에, 2013년 3월)

댄스활동의 두 번째 날이었다. ARtS Initiative는 "심미적(Aesthetic), 자기 성찰적인(Reflexive) 사고(thoughts) 그리고 나눔(Sharing)"이라는 의미의 영어 알파벳의 첫 글자를 따서 이름 지은 교육 프로그램이다. 예술가 교사들(teaching artists)과, 교사들, 대학 교직원들로 구성된 ARtS 교육팀은 학생들에게 지속적인 토론 주제였던 적극적 시민의식을 단체 율동으로 표현할 방법을 생각해 볼 것을 요청하였다. 위의 인용구처럼 맥신 그린(Maxine Greene)이 전형적으로 폐쇄되고 배타적인 공동체 밖에서 가능성을 창조하는 것을 열망했듯이, 학생들은 지금까지의 시, 점토미술, 댄스 활동을 하는 동안 열린 공동체의 의미를 상상하고 개념화하였다. 안무 연습 후 지쳐 보이기도 했지만, 학생들은 곧 자신들의 정체성과 적극적 시민의식, 공동체의 개념을 율동으로 표현하는 데 열중하였다. 즉 폐쇄형 사고에 도전함으로써 공동체를 다르게 보며(Greene, 1995), 학생들은 개방적이고 포용적인 부분들을 강조하며 적극적 시민의식과 단체 댄스를 연결하였다. 예를 들면 다니엘라는 "단체 댄스는 모두가 단체로서 공동체에서 행동하기 때문에 적극적 시민의식과 관련이 있어요. 우리가 실수를 하더라도 누군가가 친절하게 고쳐 줄 수 있거든요"라고 이야기하였다. 이에 덧붙여 이사벨은 적극적 시민의식이라는 개념을 "길거리 댄스"에 비유해 설명하였다. "단체 댄스는 곧 적극적 시민의식이에요. 춤 출 때는 활동적이 되지요. 길거리 댄스가 열리면 길 전체는 춤을 추기를 관장하고 우리는 능동적으로 참여하면 되는 거에요." 이사벨의 그룹 댄스의 적극적 시민의식에 대한 비유는 창의적이고 고무적이었다. 그녀는 문화적 배경에 상관없이 누구나 적극적 시민으로서 공동체에 참여할 수 있기를 바랐던 것이다. 이사벨은 공동체의 메타포를 "길거리 댄스"로 지었고 그것은 미리 제한된 경계나 존재하는 한계에 머물지 않고 공동체 안의 급박한 문제들에 참여를 위해 공간을 열었던 것이다.

이 책은 우리에게 아직 존재하지 않은 것들을 상상하기 위해(Greene, 1995) 질식할 것 같은 환경 대신 긍정적인 분위기가 가득한 교실을 상상하기 위해 만들어진 상상, 예술 기반 탐구, 그리고 연구 방법론에 대한 책이다. 문해능력과 수리능력의 향상이 최상의 교육 목표가 되고 있는 시점에서 이에 대해 이의를 제기하는 교육을 상상하기 위해, 그리고 교육이 기득권의 권력을 재생산하고 이를 영구화하는 데 사용되는 것에 저항하며 새로운 방법의 사고와 삶을 상상하기 위해 이 책을 구상하였다. 이 책은 예술의 가치와 다원화된 사회에서 좀 더 다른 공동체들을 상상하는 심미적이고 숫자로 가늠할 수 없는 경험들을 강조한다. 다양하고 반성적인 생각들과 소통하는 아이들의 예술 작품과의 경험이 이 연구의 중심에 있다.

이 연구를 설계했던 2012년에 나는 미국 오클라호마(Oklahoma) 주의 스틸워터(Stillwater)에서 조교수로 재직 중이었다. 그 당시 나는 사회적인 지원이 더욱 절실한 공동체가 건강한 공동체를 창출하고 이를 유지하기 위해 각고의 노력을 하는 가운데 교육학자로서 어떻게 협력할지 고민하는 중이었다. 다양한 형태의 경제적이고 문화적인 차이와 어려움이 존재하고, 풍부한 문화에 비해 제한된 자원을 가진 이러한 공동체들은 끊임없이 고군분투한다. 운 좋게도 나는 맥신 그린 선생님의 "상상력"에 관한 이론들을 배우고, 관찰하고, 성찰할 수 있었고, 어떻게 하면 선생님이 남기신 뜻을 실행할 수 있을지 고민했다. 2014년 5월 29일 그린 선생님이 돌아가신 것은 큰 슬픔이었다. 하지만 나는 선생님의 가르침과 우리를 에워싸고 흐르던 정신을 회상하면서 선생님을 기억한다. ARtS 프로그램의 아이디어는 나의 예술에 대한 열정과 예술이 만들어내는 긍정적인 메시지를 나누고 싶은 바람에서 비롯되었다. 예술은 특히 내가 많은 생각, 근심과 염려로 산만해져 있을 때 오롯이 현재에 집중하게끔 도와준다. 또한 예술은 나와 전혀 다른 사람들이나 나와 삶의 경험이 비슷한 사람들의 삶을 들여다 볼 수 있는 도구이다. 예술가들을 지원하는 나의 열정은 그들의 노고와 그들의 삶을 통해 예술적 기질을 발휘하는 순간에 살아 있다. 나는 그들의 열정을 배우고 싶었고 나의 일에 적용하고 싶었다. 더 나아가서는 아이들에게 그들의 삶 속에서 열정과 열정이 흐르는 느낌을 찾는 중요함을 가르치고 싶다. 나는 그것을 갈망하고,

기다리고, 그것을 위해 살고 있다.

이에 나는 의미 있고 적용 가능한 미학 기반의 프로젝트를 설계하게 되었다. 이를 위해 동료들과 지역 문화 단체들, 친구들과 상의를 하였고 주정부에서 후원하는 지역 예술 단체가 있다는 것을 알게 되었다. 오클라호마 예술협의회 지역 모임에 참석하였고 예술을 주정부에 추진하려는 그들의 노력과 함께 예술 기반 교육을 실행하려는 나의 열정이 통합되기를 바랐다. 마침 오클라호마 예술협의회와 오클라호마 주립대학교가 밀접한 관계에 있다는 것을 알게 되었고, 오클라호마 예술 협의회의 주요 보조금 후원에 지원하는 기회를 갖게 되었다. 예술가 교사들을 찾는 일도 쉽지 않았다. 예술단체를 통해, 친구들을 통해, 심지어 지역 미술관들을 방문해 인사과에 연락하여 예술가 교사들을 알게 되었다. 그 결과 운이 좋게도 나는 재능 있는 무용가, 따뜻한 마음의 지점토 예술가, 그리고 열정적인 학교 선생님들과 일할 수 있었다.

이 프로젝트의 형식을 구상할 때, 방과 후 교육이 프로그램을 발전시키고 학교들과의 관계를 확장하기에 좋은 시작점이라 생각했다. 프로젝트를 위한 협력학교를 발굴하는데 오클라호마 주립대학교(OSU)의 도시교육단체(Urban Education Unit)가 큰 힘이 되어 주었다. 한 선택으로, 희망초등학교(가칭)는 이미 예술 중심의 A+ 교육과정이 실시되고 있었고, 교장선생님, 지역사회 조력자, 미술 선생님들은 모두 예술기반교육을 지지하고 있었다. 또한 우리 연구팀은 오클라호마 주의 털사(Tulsa) 북부 지역의 경제적으로, 인종적으로, 민족적으로, 그리고 문화적으로 "낙제"라는 꼬리표를 달고 있는 한 학교에 연락하였고 그 학교의 교장선생님께서는 열정적으로 우리를 환영하였다.

지금까지의 설명이 ARtS Initiative가 생겨난 간단한 배경이다. 나는 프로그램의 이름을 무엇이라 지을지 고심했다. 이 프로젝트의 핵심은 심미적 경험과 사고를 강조한다. 그린(Greene, 1995)이 논의하듯, 예술과의 접촉이 저절로 감정들을 일으키는 것이 아니다. 이는 대상과 예술과의 주체 사이에 실제 대화에서 생기는 것이고 이 주체는 타자들과의 상호작용을 통해 끊임없이 재창조된다. 우리의 생각들을 묘사할 때 나는 이 세상을 인지하는 방법을 확산시키려 "심미적"이고 "사색하는"이라는 형용사를 썼다. 더 나아가 우리의 삶의 역사와 공동의 기억들을 반성한 경험을 나누기 위한 공간을 만들고 싶었기에 이 프로젝트를 심미적(Aesthetic), 자기 성찰적인(Reflexive) 사고들(thoughts) 그리고 나누기(Sharing)의 앞글자를 취하여 ARtS라고 지었다. 전형적인 방과 후 프로그램들은 예술적인 기술 향상 교육을 강조한다. 하지만 나는 다양한 관점들이 모이는 장소를 만들기 위해 의미 있고 끝이 열려있는 방식으로 경험 나누기를 목표로 하였다. '시민 참여(civic engagement)'는 교육에서 대학 수학 능력 및 취업 준비와 더불어 새로운 기준이 되었다. 듀이(Dewey, 1929)에 따르면 교육은 미래형이 아니고 현재형이다. 아이들은 미래를 위해 교육하는 목표물이 아닌 것이다. 지금 여기에서 적극적 시민의식의 의미를 이야기 할 때 아이들의 관심과 염려가 중요한 것이다. 듀이의 철학 안에서, 연구팀은 매일 학생들이 교실 안으로 가지고 오는 이야기들을 주의 깊게 듣고 싶었다. 우리는 공동체라는 개념을 생각할 때의 예술적 가치와 아이들의 심미적 경험에 대해 궁금했다. 예술 안에서 적극적 시민의식을 생각할 때 그 안에서 예술의 역할은 무엇일까?

ARtS Initiative란 무엇인가?

개요

이 책에 대한 구상은 도시에서 학생들과 함께한 문화기술지, 현장 기반의 연구 프로젝트에서 발전했다. ARtS Initiative는 심미적 특성을 더한 방과 후 프로그램이다. 프로젝트를 진행하는 동안 학생들은 대학교, 공동체, 그리고 학교들과의 협업을 통해 건전한 공동체와 적극적 시민의식에 대한 감각을 키운다. 이 책은 ARtS 프로젝트를 소개하고, 학생들의 공동체와 그들의 공동체 안에서의 역할에 대한 이해를 증진시킬 가능성을 모색한다. 예술적 기술향상에 초점을 맞춘 기존의 방과 후 프로그램과는 다르게 ARtS 프로젝트는 그 이상의 무언가를 추구한다. 이 프로젝트는 학생들이 공동체 안에서 삶의 경험을 나누고 변화를 위한 실천하기를 장려한다. 예술은 학생들의 자신, 타자들, 그리고 세계에 대한 해석을 표현하는 데 중요한 역할을 한다. 학생들은 예술을 통해 민주적 시민의식을 해석하는 데 혁신적이고 몰입하는 방법으로 탐험한다. ARtS 프로젝트 팀은 공동체와 적극적 시민의식에 대한 학생들의 다양한 관점을 나누는 장소를 제공하기 위해 예술적 기술을 가르치는 것을 넘어서는 예술을 재조명했다.

ARtS와 맥신 그린(Maxine Greene)

그린의 철학은 ARtS Initiative의 토대이다. 우리 사회와 공동체에서 교육적 대안을 상상하는 것은 ARtS 프로젝트가 성장하는 데 명백한 틀을 제공한다. 맥신 그린(1995)은 심미적 경험의 역할을 "관점을 위한, 초월적이고 세상에 존재하는 대안을 인식하기 위한, 선택을 압도하는 자동주의를 거부하기 위한 기회를 제공하는 것"(p.142)이라고 강조하였다. 이러한 그린의 심미적 이론들과 함께, ARtS 프로젝트는 예술과 심미적 경험을 학생들(예를 들어, 문화적 자산은 풍부하나 재정적, 공동의 자원이 부족한 학생들)의 삶에서 대안을 상상하는 자유로운 통로로 활성화한다. 통상적인 예술기반 방과 후 프로그램들은 작품을 만드는 예술의 기술적인 부분을 가르친다. 하지만 ARtS 프로젝트 팀은 학생들에게 예술적 기술을 가르치는 것 외에도 건강하고 후원하는 공동체를 만드는 과정에서 민주적 시민의식을 발전시키는 예술의 다른 역할을 제시하였다. 정부의 구조, 시민으로서의 책임, 시민으로서의 권리를 다루는 기존의 시민 교육과는 달리 ARtS 프로젝트는 예술을 적극적 시민의식을 재검토하는 데 활용하였다. 끝이 열려 있는 탐구 안에서의 예술의 가치를 강조하면서, ARtS 프로젝트는 적극적 시민의식을 다양한 관점을 존중하여 공동체를 지키고 후원하는 학생들과 공동체의 노력이라고 정의했다. 연구팀은 학생들이 예술과 심미적 체험을 통해 공동체와 적극적 시민의식을 어떻게 이야기 할 것인지 궁금했다. 또한 이 책을 읽는 동안 독자들은 심미적으로 디자인된 방과 후 프로그램이 영향을 준 다문화 교육의 가능성을 검토할 수 있을 것이다.

ARtS 로고 디자인

ARtS팀은 지역예술단체, 연방정부지원 대학, 오클라호마 주 털사 지역에 위치한 두 초등학교를 포함하는 대학, 학교, 공동체 협업의 예를 제시한다. 나는 도시에서 지속가능한 배움 공동체를 만들어 이 협력관계를 발전시키고자 했다. [사진 1.1]은 ARtS 프로젝트의 로고이다. 이 이미지에서 각각의 아이들은 자신들이 세계 공동체의 일부이고 적극적 시민으로서 그들의 정체성을 나타냄을 보여주고 있다. 아이들은 광고물을 만들고 티셔츠를 디자인하기 위해 자신들이 만든 이 이미지를 사용하였다.

✦ [사진 1.1] ARtS Initiative와 우리는 적극적 시민들

ARtS 프로젝트의 진행 방법: 아이들, 협력자들, 교육과정

ARtS 프로젝트는 다원화된 사회에서 다른 공동체들을 상상하는 독특한 경험을 제공하면서 예술과 미학을 재조명한다. 기존의 예술을 기반으로 한 방과 후 프로그램들은 아름다운 작품을 만드는 것을 목표로 예술의 기술들을 가르친다. ARtS 프로젝트 연구팀은 예술적 기교에 대한 교육의 필요성을 인정하면서도, 건강하고 지원을 아끼지 않는 공동체를 유지하는 과정에서 민주적 시민의식을 키우는 예술의 다른 역할을 상상했다. 또 교육적인 면에서 새로운 방법으로 세

상을 보게 하면서 아이들의 상상력을 증진시키고자 하였다. 이 가능성을 향한 개방성은 사회적 상상력을 펼치는 수단이 되고 이 상상력은 학생들이 새로운 생각들에 열려있으며 기꺼이 나누고, 그들의 존재 가치들을 다시 생각해 볼 때 가능하다(Greene,1995). 연구팀은 프로젝트 기간 동안 학생들에게 사색하고 작품을 만든 의도와 과정을 나눌 충분한 시간을 배정하였다. 학생들은 그들의 삶과 심미적 경험을 열린 방식으로 나누었다. 연구팀은 9주간의 방과 후 프로그램 동안 생생한 메타포들의 사용, 점토 아트 제작 과정에서의 개인적 경험, 크고 작은 댄스 그룹 활동을 통해서 적극적 시민의식이라는 어렵고 추상적인 개념을 창의적으로 불어 넣어 주었다.

인구통계학적으로, 정의 초등학교(가칭)의 모든 학생들은 주정부가 지원하는 무료급식을 받고 있었고 98%의 학생들이 유색인종이었다. 희망 초등학교(가칭)는 84%의 학생들이 무료급식을 받고 있었고 52%의 참여 학생들이 유색인종이었다. 2013－2014학년도에 두 초등학교에서 40명의 4학년에서 6학년의 학생들이 ARtS 프로그램에 참여했다. 2014－2015학년도에는 예산삭감으로 인해 한 학교에서 20명의 학생들과 함께 했다. 각각의 활동시간에 학교 교사는 교육적으로 효과적이고 발달 과정에 적절한(developmentally appropriate) 대화를 제안하며 예술가들과 대학교수와 함께 학생들을 지도하였다.

ARtS Initiative는 총 9주의 주 2회 수업(화요일, 목요일 오후 3:30−4:30, 한 수업당 60분)으로 이루어진 방과 후 프로그램이다. 각 예술 장르는 3주씩 총 18번으로 진행되었으며 프로그램의 끝에는 학생들의 예술 작품을 전시하고 지역 주민들과 학생들의 성취도를 축하하는 "공동체의 밤"이라는 행사로 마무리되었다. 또한 점토 예술가, 시인, 무용가, 대학 교수, 학교 선생님들은 6시간 동안 ARtS Initiative 전문성 신장 개발프로그램에 참여하여 공동으로 교육과정을 개발하였다.

성공적인 프로그램 실행을 위해서는 관계자 모드가 서로 지지하는 협력관계가 중요한 요소이다(Catapano & Gray, 2010). 전문성 신장은 신뢰를 쌓고 후원하는 분위기를 만들 수 있는 기회이다. 전문성 신장 프로그램에 참여한 예술가들, 학교 교사들, 지역 협력자들은 ARtS 프로젝트의 이론적 배경을 배우고 학생들과 함께 관련된 활동들을 제작하였다. 각각의 활동이 끝난 뒤에 ARtS 연구팀은 수업 시간 중 학생들의 참여도를 살펴보고, 다음 수업을 위해 학생들의 학습에 적합한 계획들을 점검하는 기회를 가졌다. 예술가 교사들, 학교 선생님들, 대학 교수와의 협업에서 공동체의 밤은 그리 엄청난 것이 아니었다. 방과 후 프로그램을 통해 예술가와 선생님들은 함께 예술적 기술들을 가르치고, 학생들은 청중들 앞에서 배운 것들을 보여주었다. 지역사회 안의 초등학교 4, 5, 6학년 학생들이 무용, 시, 그리고 점토 아트에서 발휘한 심미적 기술을 그들의 가족, 선생님, 공동체 주민들에게 보여준 것이다. [표 1.1]은 학습 목표와 학생들이 실행할 구체적인 작품명을 표시한다.

❑ [표 1.1] 학습 목표와 주요 작품들

장르	예술적 목표	예시 작품이나 자료	학생 작품
시 (1주~3주)	• 학생들은 공동체 안에서의 적극적 시민의식을 개념화하기 위해 비유법을 쓰는 법을 안다. • 학생들은 그들의 메타포와 다른 창의적 표현법(예: 콜라주)들을 사용한다.	• Jacksonke의 시 "좋은 시민" • Frost의 시 "가지 않은 길" • 어린이들을 위한 즉흥 시낭송(poetry slam) https://www.youtube.com/watch?v=rtnEnEqjk0E&list=PLJbHvzUQw216z8zMuLfRRTPwv6vCgYeSr	• 시짓기 • 콜라주 활동
점토아트 (4주~6주)	• 학생들은 꼬집기, 감기, 평평하게 만들기 등의 점토예술의 기능을 익힌다. • 학생들은 점토예술과 함께 자신들의 문화적 기억들을 표현하면서 문화적 다양성을 함양한다. • 학생들은 예술을 디자인하고 창조하면서 공동체가 무엇인지에 대해 열린 토론을 하고 적극적 시민의식에 대해 생각한다.	• The State of the Arts Studios & Gallery에서 제공된 도자기들(엮은 바구니, 접시, 주전자, 핀치팟 컵 등) • 도자기 빚기 실연	• 엮은 바구니 • 풍경 • 엠파나다 • 사운드 볼 • 핀치팟 점토컵 • 접시
율동 (7주~9주)	• 학생들은 리듬, 바디 랭귀지, 빠르기, 분위기 등의 율동에 관한 기술을 표현한다. • 학생들은 율동의 세심한 표현을 나타내고, 다른 개념들의 시민의식을 표현하기 위해 다수의 율동 형식을 사용할 수 있다.	• 댄스 용어 사전(예: 반복, 수위 변화, 로코모션 등) • 동사들과 동작 http://www-personal.umich.edu/~jlawler/words/	• 정체성에 관한 개인적 표현 • 공동체에 관한 소그룹 안무 • 적극적 시민의식과 공동체를 표현하는 전체 공연
공동체의 밤	• 학생들은 자신의 작품들과 경험을 발표, 전시하고 공동체 안에서의 적극적 시민의식의 정서를 함양한다.		

연구방법론적 접근

ARtS Initiative를 통해 나는 사회 정의 교육을 위한 창의적이고 몰입할 수 있는 교육과정을 검토한다. 이 책은 세 가지의 다른 이론적 틀에 기반을 둔 다수의 질적 연구 접근법을 염두에 두고 있다. 사회 정의를 지향하는 교육가들은 인종, 계급, 성, 능력 등이 차별화된 사회에서 형평성과 정당성을 고취시키는 교육에 뜻을 같이 하고 있다. 형평성을 강조하는 열정과 함께 이 책은 다문화 교육자들이 다양한 자료 분석과 결과 기술을 다각화 할 "방법론적인 상상력"으로써 교육학에 적용할 만한 이론들과 실천 관례들을 제시한다. 질적 연구 전통에서 서술적으로 "소외된" 목소리를 나타내는 것은 중요한 반면에 어려운 일이다. 질적 연구자들은 다양한 방법의 연구 재현을 위해 생생하고 이슈가 될 만한 자료로 심층 연구를 수행한다. 이 책은 ARtS 프로젝트의 자료들을 표현할 세 가지의 다른 이론적 틀(현상학, 비판적 문화기술연구, 후기구조주의이론들)을 소개하고 사용한다.

질적 연구 방법론자들은 다양한 이론과 실행 방법들을 사용함으로써 사회적 현실, 기억, 경험들에 다른 접근법들을 적용해 왔다. 나는 특히 잭슨(Jackson)과 마쩨이(Mazzei)(2012)의 교육연구에서 다수의 이론적 관점을 이용하여 동일한 인터뷰 자료를 다르게 분석하고 표현한 접근법을 중요하게 생각한다. 또한 나는 동일한 질적 연구 자료들을 여러 학문에 걸친 다양한 관점에서 검토한 중대한 노력을 찾았다. 예를 들어 『세 겹의 이야기: 여성주의, 포스트모더니즘, 그리고 문화 기술적 책임』이라는 책에서 울프(Wolf)(1992)는 대만에서 실행한 인류학 연구를 기술하는데, 자신의 연구를 세 개의 다른 방식의 글(실화 같은 허구의 글, 문화 서술적 현장 메모, 관례적으로 학술적인 글)로 표현했다. 울프는 여성주의, 문화기술연구, 그리고 포스트모더니즘으로 구성된 서로 다른 방식의 연구를 적용하는 가능성을 탐구한 것이다. 울프의 혁신적인 방법론적 실천은 연구자가 사회 변화를 위한 새로운 연구 방법론들을 상상하기 위해 이론들을 주의 깊게 반영하여 질적 연구의 범위를 확장한다.

나 역시 사회 정의와 형평성 관련 연구 분야의 주요 문헌들에 영향을 받았다. 레오나르도(Leonardo)(2013)는 비판적 인종 이론(Critical Race Theory), 마르크스주의, 백인 연구, 문화 연구에 영향을 받아 인종에 관한 연구의 네 가지의 주요 이론적 틀을 보여 주었다. 그는 각각의 이론적 틀을 검토하고 설명하는데 집중하였는데, 현상학과 후기구조주의 이론들을 포함한 서로 다른 이론적 틀들은 그의 문화 정체성과 교육적 연구에 관한 이전 저서의 내용을 풍요롭고 단단하게 하였다. 또한 피터스(Peters)와 버블레스(Burbules)(2004)는 철학, 이론, 교육 연구 총서의 일환으로 교육 연구에 후기구조주의 이론들을 소개하는 책을 출간하였다. 버블레스는 이 총서의 편집자이고 다른 저자들과 교육 연구에서 실증주의, 실용주의, 그리고 페미니즘을 소개한다.

대학원생들에게 방법론을 가르치는 과정에서 나는 서로 다른 이론적 틀들과 그 이론들을 문화기술적 연구에서 실제로 이행해 보는 교재들이 있기를 바란다. 실제로 주요한 방법론적 이론들과 실제적 관행에 대한 심도 있는 검증을 담고 있는 선행 연구 방법론 책에 대한 높은 수요가 있다. 이 책은 예술 기반 프로젝트에 기초한 교육 연구의 이론과 실제로의 독특한 접근법을 제공한다. 이 책을 통해 독자들은 서로 다른 이론적 틀이 같은 프로젝트를 다른 관점들로 보는 특별한 렌즈를 제공하는 것을 배울 수 있을 것이다. 사회 정의를 연구하는 질적 연구자들은 공평성과 사회 정의에 관한 주제들을 언급하는 다양한 방법들을 창출하기 위해 생생하고 중요한 의미를 갖는 문화 기술적 자료들을 다루는 심도 있는 연구를 필요로 한다. 이 책은 세 가지의 주요 이론적 틀로 심도 있는 분석이 동반된 심미적 지향의 문화 기술적 자료로 이론을 실제 이행에 구현하는 보조적 교재로서 장점이 있다.

책의 구성

이 책은 소개의 글과 다섯 개의 장으로 구성되어 있다. "ARtS와 세 가지 이론적 접근: 대화의 출발선"이라는 주제의 2장에서는 이 책의 세 가지 주요 이론들(현상학, 비판적 문화 기술 연구, 후기구조주의 이론들)의 이론적이고 방법론적인 설명을 제공한다. 자료 분석을 위한 이론적 틀의 간단한 검증은 다문화 교육자들이 주요한 이론들을 그들의 문화 기술적 질적 연구에 적용하려 할 때 유용한 방법이다. 각 이론들의 전제와 적용들을 이해함으로써 다문화 교육자들은 교육에서 공평성과 사회 정의를 언급하는 데 방법론적 다양성을 파악할 수 있다. 이어지는 세 개의 장에서는 각각의 이론적 틀에 입각해 자료들을 표현한다. "따뜻한 마음은 적극적 시민 의식이에요!"라는 주제의 3장에서는 ARtS 프로젝트를 현상학적 시각으로 보았다. 이 장에서 독자들은 ARtS Initiative의 내용과 프로젝트 기간 동안의 학생들의 삶의 경험을 이해할 수 있을 것이다. 학생들은 비유를 통한 적극적 시민 의식에 대한 그들의 이해와 삶의 경험을 표현하였다. "심장"은 학생들이 자신들의 예술 작품에 대해 의미를 부여할 때 표현한 가장 주요한 비유 중의 하나였다. 제4장 "아우성은 적극적 시민 의식이에요!"에서는 ARtS 프로젝트를 비판적 문화기술지적 내용으로 보여 준다. 이 장은 ARtS 프로젝트에 참여한 학생들이 그들의 공동체 안에서 형평성과 결속력을 주제로 한 이야기들을 소개한다. 이 이야기들은 독자들이 심미적으로 영향 받은 방과 후 교육에서 형평성을 다루는 중요성을 생각하게끔 안내한다. 제5장 "공동체 없는 ARtS 공동체"에서는 ARtS 프로젝트를 후기구조주의의 관점으로 탐구한다. 나는 학생들이 공동체와 자신-타자에 대한 반대 담론들을 부여했던 예술 작품들을 확인하고 자신들의 생각을 나눴던 주요한 배움의 순간들을 묘사하였다. 데리다(Derrida)(1997)의 해체 이론들에 입각해서 발견되지 않은 가능성들을 위해 공동체의 개방성을 강조한 "공동체 없는 공동체"를 개념화하였다. 이 장에서는 타자들과 상호작용들에 의해 담론적으로 만들어진 주체의 방식들을 보여 준다. 또한 ARtS 활동에서 생겨난 자신-타자, 지도자-구성원의 의미들을 재확인한다. 마지막 제6장은 앞 장에서 제공한 문화 기술적 자료에 근거한 적극적 시민 의식과 사회 정의의 연구에 있어 예술을 활용함의 중요성을 제안한다. ARtS 프로젝트의 검증을 통해 도출된 생각해 볼 네 가지의 주제를 정리하였다.

이 책은 사회 정의를 지향하는 연구자들과 실천가들이 학생들과 교사들의 정의와 공동체에 관한 개념을 고취시키기 위해 심미적으로 영향을 받은 프로그램의 가치를 이해하게 하는 방법으로 이론과 실제 사이의 연결 통로를 만들어 나간다. 나는 학부 상급생들과 대학원생들이 교육과정 연구, 예술기반 탐구, 교육의 다양성 이슈 분야에서 이론과 이행에 대한 관심을 증대하길 바란다. 또한 학급 교사, 예비 교사, 학교 리더, 교사 교육자, 교사 예술가는 이 책에서 제안된 예술 기반의 교육 과정을 위한 혁신적 교육 전략들을 비판적으로 검토하기를 바란다. 무엇보다도 나는 사회 정의 지향의 교사 교육 프로그램들은 예술 기반의 교육과정이 학생의 반성적 사고를 촉진시키고 다양한 관점을 나누도록 북돋우는 방법들을 보여 준다고 믿는다. 이러한 방식으로 교사 교육자들과 교사 예술가들은 ARtS 프로젝트가 공동체를 어떻게 다르게 상상하고, 사회적 정의를 발전시키는 데에 있어 예술의 힘을 어떻게 인식하는지 발견하고 배울 수 있을 것이다. 이에 ARtS Initiative는 다문화 교육의 질적 연구에서 서로 다른 이론적 원리들과 연구 전략들을 설명한다. 동일한 자료에 서로 다른 이론적 접근을 통해 대학원생들과 교수들은 세 가지의 이론들과 그들의 실제적 이행을 이해하는 데 있어 경험적 자료들을 볼 수 있을 것이다.

CHAPTER 02

ARtS와 세 가지 이론적 접근: 대화의 출발선

CHAPTER 02

ARtS와 세 가지 이론적 접근: 대화의 출발선

시작하며

2장에서는 교육 연구에서 주로 사용하는 현상학, 비판적 문화기술지적 연구, 후기구조주의의 세 가지 주요 이론의 기본과 전제들을 소개한다. 질적 연구 방법론과 교육과정연구 수업에서 대학원생들에게 이론적 틀과 자료의 해석/분석을 연결하도록 가르치기는 쉽지 않았다. 학생들은 기본적으로 연구의 이론적 기반이 중요하다고 잘 알고 있다. 그들은 또한 이론적 틀이 연구 질문, 자료 분석, 연구 결론과 논의 부분에 깔려 있어야 한다는 점도 잘 알고 있다. 하지만 그들이 수업 끝에 묻는 질문은 이들을 "어떻게" 접목할 지의 문제이다. 나는 이 책을 고안하면서 어떻게 교육적 연구의 "방법"을 설명할지 고민했다. 이 분야의 주요한 이론적 틀들을 소개하고 동일한 문화 기술적 자료에 적용하는 예들을 직접 보여 주는 책을 쓰는 것을 생각하였다. 연구를 설계하거나 특히 자료 분석과 묘사에는 관점들이 중요하다. 교육연구에서는 이 관점들이 현실, 진실, 묘사에 관련한 인식론과 존재론적 관심사로서 바탕이 된다.

여기서는 질적 연구자들이 문화기술지적 자료에 적용할 배경 지식과 이론들을 파악할 수 있도록 세 가지 이론적 틀들을 설명한다. 이 분야에 다수의 이론들이 있지만 나는 현상학, 비판적 문화기술지적 연구, 후기구조주의 이론들에 집중한다. 이 주요한 세 가지의 이론적 틀들은 ARtS 프로젝트의 문화기술지적 자료를 분석하는 데 깊이와 폭을 넓혔다. 다양한 인식들과 현실들을 제공하면서 이론들의 이해를 위한 핵심적인 개념들에 근거한 각각의 이론적 틀들을 설명한다. 첫째, 현상학적 탐구에서는 생생한 경험, 해석, 의식에 관련한 주제들을 언급한다. 내가 이해하는 현상학은 헤겔(Hegel), 후설(Husserl), 하이데거(Heidegger)에 근거한다. 현상학적 연구는 학생들의 산 경험과 그들의 적극적 시민의식과 공동체에 대한 해석이 바탕이 된다. 선택, 의식, 의미 만들기, 현존재의 개념이 공동체 안에서의 학생들의 존재함을 이해하는 중요한 요소이다. 둘째, 비판적 문화기술지적 연구는 구조적 사회 불평등과 단합의 목소리와 억눌린 경험과 같은 주제를 다룬다. 교육연구에서 특히 비판적 문화기술지는 능력주의, 적자생존, 선택/경쟁의 신자유주의적 이데올로기를 포함한 사회의 권력구조나 지배적 교육 관행들에 대해 집중한다. 프랑크푸르트 학파(Frankfurt School)는 사회적 문제들을 분석하는데 권력, 단합, 인정, 구조적 불평등에 대해 표명하였다. 이 책에서 나는 사회적 불평등과, 문화적 다름, 연대를 이해하는 학생들의 비판적 인식에 초점을 맞춘다. 이와 더불어 비판적 문화기술지의 중요한 이론적 근거로 쓰이는 라슨 빌링스(Ladson-Billings)(1995)의 문화에 적합한(culturally responsive) 교수법을 설명한다. 마지막으로 담론, 자신과 타자 간의 상호관계성과 주체성을 강조한 후기구조주의 이론들을 소개한다. 정체성은 한 주체가 미리 정해진 성별, 인종, 사회 문화적인 위치와 같은 요소를 소유하는 것이 아니다. 다만 주체는 타자와의 상호작용을 통해 담론으로 구성되어 진다(Butler 1999; Foucault 1980; Todd 2009). 이러한 후기구조주의 이론들의 전제들은 ARtS Initiative를 분석하는 데 있어 연대, 공동체, 자신과 타자 간 주제들의 의미를 재고하는 틀을 제공한다.

현상학적 접근

현상학은 역사적, 사회문화적 맥락에서 인간의 의식, 산 경험, 존재에 대한 해석과 의미를 연구하는 학문이다. 이는 삶의 경험을 해석하고 그 의미를 찾는 과정과 방법에 집중한다. 갤러거(Gallagher)(2012)는 현상학은 한 개인의 관점에서 보는 자신만의 경험이고 "일인칭 시점"(p.7)이라고 설명하였다. 현상학은 이 분야가 형성된 이래로 발전해 왔으며 다양한 형태로 존재한다. 마칸(Macann)(1993)은 서구 전통의 4명의 철학자(Husserl, Heidegger, Sartre, Merleau-Ponty)로부터 유래한 형태의 현상학을 소개한다. 교육 연구에서 현상학적 탐구는 학생들과 교사들의 교육적 경험들과 사회 안에서의 의미들을 설명하고 해석한다. 방법은 주어진 사회적, 교육적 맥락에서 포괄적이고 폭넓은 통찰력으로 주체의 산 경험을 보는 것이다. 철학적 분야로서의 현상학의 다중성 때문에 연구자들은 그들이 선택한 현상학의 형태를 교육연구에 적용하고 설명한다. 후설의 현상학에 영향을 받은 크레스웰(Creswell)(2007)은 존재의 본질을 발견하기 위해 모든 판단이나 편견을 차단하는 '에포케'(epoché)의 과정을 강조했다. 이러한 연구자의 사적 경험을 "차단하는" 과정은 연구자의 경험으로부터 유래된 편견 없이 참여자의 핵심 경험에 집중하기에 중요하다(Creswell, 2007). 인간은 그들에게 부과된 신조들, 이론들, 편견들을 중지하고 차단하는 동안 그들의 주체성에 기인한 의식과 경험된 세계에 주의를 기울인다(Gallagher, 2012). 밴 매넌(van Manen)(1990)의 현상학은 산(lived) 경험의 의미들을 묘사하고 분석하는 또 다른 중요한 방법이다. 하이데거는 밴 매넌의 이론에 큰 영향을 주었는데 밴 매넌은 삶의 경험을 하나의 텍스트로 보고 산 경험을 해석하는 작업으로 현상학을 개념화하였다. 인간성 회복, 현존재의 실존성(Dasein)이 처해진 경험, 즉 이 세상에서의 존재의 경험을 해석함으로써 가능한 것이다. 따라서 인간의 자유와 선택은 이러한 의미 만들기 과정의 중심이 된다. 현상학적 탐구에서 연구자들은 인간의 의식에 집중하고 삶의 경험에 의미를 부여하고 이를 묘사하고 해석하는 데 집중한다(van Manen & Adams, 2010, p.644). 현상학적 전통에 영향을 받은 연구자들은 학생들과 교사들의 교육적 경험들을 심도 있게 묘사하고 이를 사회정치적 맥락 안에서 해석하는 과정에 관심이 높다. 크레스웰은 현상학적 연구는 사회적, 교육적 현상 속에서 개인의 산(lived) 경험의 종합적인 이해를 제공한다고 지적하였다.

현상학과 교육 연구

교육과정 탐구에서 특히 현상학적 교육과정 탐구는 "삶의 텍스트로서의 교육과정"에 대한 이해의 기초를 닦았다(Pinar, Reynolds, Slattery, Taubman, 1995, p.446). 현상학과 정신분석학의 영향을 받은 파이나(Pinar)(1976)의 *쿠레레*(Currere)방법은 학생들과 교사들의 교육적 경험들을 탐구하는 데 기여하였다. 연구자들은 자서전적인 삶의 경험을 네 가지의 단계, 즉 회귀적(regressive), 진보적(progressive), 분석적(analytical), 종합적(synthetical) 순간으로 성찰해본다. 참여자들은 과거의 경험을 기억하고, 미래를 예측해 보며, 그들의 과거와 미래의 탐험을 확장하기 위해 자신을 분석하고, 마침내 종합적으로 자신을 이해한다. *쿠레레* 방법은 사회적 구조 안에 놓여 있는 참여자들의 산 경험과 역사적 이야기들을 학문적 지식과 연결하는 방법으로 널리 통했다. 이 *쿠레레* 방법은 학문적 연구에서 기인한 사회역사적 맥락 안에서 자기이해뿐만 아니라 주체성을 연결하기 위한 개인의 경험을 연구하기에 현상학적 교육과정 탐구에서 중요하다. 이론적으로 현상학적 차단하기에 영향을 받은 파이나(2010)가 설명하듯이, "한 개인이 과거와 미래의 일을 수많은 예시를 통해 구체화하는 과정은 현재의 삶에서 자유로운 주관적인 공간을 창조한다."(p.178). 이러한 공간을 창출함으로써 주체는 역사적 사건들로 영향을 받은 현재의 일시적 복잡성에 관해 질문한다.

유사하게 클랜디닌(Clandinin)과 코넬리(Connelly)의 저서, 『내러티브 연구: 질적 연구에서의 경험과 이야기』(2004)는 현상학적 연구 전통에서 또 다른 중요한 작품이다. 이 책에서 그들은 교육과 개인적 경험을 연결하면서 존 듀이의 실용주의에 영향을 받은 내러티브 연구의 이론과 실행을 소개하였다. 클랜디닌과 코넬리는 그들의 책에 그들이 현상학적 연구에 기반하고 있다고 직접적으로 밝히지 않고 있다. 하지만 나는 교육에서 경험의 의미를 다시 논의하면서 현상학적 연구에 기초해서 그들의 책을 검토한다. 클랜디닌과 코넬리는 듀이의 경험 이론이 연구자들에게 더 나은 이해를 위한 교육적 경험의 탐구를 가능하게 한다고 주장했다. 듀이의 "행동에 의한 학습"(1938/1997)

교육은 학생들의 추가 경험을 위한 지적 성장에 집중한다. 듀이의 경험 철학은 교육적 경험들을 통한 학생들의 성장을 발전시키기 위해 알맞은 교육 방법과 자원들을 선택하고 정리하는 데 있어 경험의 긍정적인 면을 강조한다. 듀이의 경험의 철학을 지지하면서, 클랜디닌과 코넬리는 개인의 교육적 경험을 과거에서부터 미래까지 사회 안에 위치시켜 묘사하는 것을 제안하였다. 이 논리를 적용시켜 크레스웰(Creswell)(2007)은 소수의 개인들의 경험들을 묘사하고 그들의 산 경험의 의미들을 해석하는 자료를 모음으로써 내러티브 탐구의 과정을 개념화하였다. 방법으로서의 경험의 묘사는 내러티브 연구가 개인의 "살아진 그리고 말해진 이야기들"(Creswell, 2007, p.70)을 표현하는 데 있어 시작점이다. 클랜디닌과 코넬리는 이야기 말하기, 저널 쓰기, 시, 퍼포먼스와 같은 자료의 다수의 내러티브 형식과 연구 표현을 강조하였다. 내러티브 탐구의 연구자들은 사회적 진보를 위해 경험을 해석하고 다수의 수단으로 경험들을 표현한다.

현상학적 텍스트로서의 ARtS

다시 말하지만 다양한 형태의 현상학적 탐구가 존재한다. ARtS Initiative는 학생들의 산 경험과 삶에 대한 그들의 의식을 강조하는 앞서 언급한 현상학적 탐구에 많은 영향을 받았다. ARtS팀은 학생들의 자신, 경험, 공동체, 행위들에 관한 그들의 "인식을 확대하고 개선하기 위해 그들의 생활 세계에 대한 인식들을 검토하고 구별" 하는 데 관심이 있다(Willis, 1991, p.175). 특히 그린(Greene)의 실존주의적 현상학은 우리가 "상상의 나래 펴기"를 우선시하며 ARtS 프로젝트를 만들고 실행하는 데 영감을 주었다. 그린(1995)은 상상을 "우리에게 대체가능한 현실들을 믿게 하는 것"이라 정의했다. 이는 우리가 "당연시 여겨온 것들을 깨어버리고 익숙한 구별들과 단정들을 치워 놓게 한다”(p.3). 예술적이고 심미적인 경험들은 사회적 불평등에 “널리 깨어있음”에 중요한 역할을 한다. 그것들은 다르고 대안적인 현실을 향한 교육자들의 상상을 펼치게 한다. 사회적, 윤리적, 정치적, 내러티브적 상상을 아우르는 것은 산 경험을 “의미 창출의 원천이 되는 이야기”로 바꾸는 장소가 된다(p.3). 그린의 실존주의적 현상학에 기반하여 ARtS팀은 자신과 타인과의 과거-현재 경험과 상호 작용하면서 공동체 내 학생들의 산 경험에서 비롯된 의미들을 탐구하였다. 그린이 강조하듯이 ARtS팀은 대안적인 현실을 상상하고 사회 변화를 위해 행동할 가능성을 열어 줄 예술과 심미적 경험의 지원을 받은 주체성의 비판적 사고와 산 경험을 강조하였다.

비판적 문화기술지 접근

ARtS Initiative는 문화적 차이를 인식하고 사회에 만연한 불평등을 이해하는 데 목적을 두었다. 그라시아(Gracia)와 요쏘(Yosso)(2013)는 미국 사회에서 백인들이 인종주의를 제도화하기 위해 백인 중심의 사회제도를 건축해 멕시칸계 미국인들과 다른 소수 민족 인종들을 향해 의도적으로 고안한 인종차별과 성차별이 만연하다고 주장하였다. ARtS팀은 비판적 교육자들에게 미국 교육과정에서의 인종주의, 성차별주의, 계급차별주의의 “건축”을 부수고 재건하라는 그라시아와 요쏘의 긴급한 요구에 동의한다. 억압된 자들의 산 경험들을 검토하면서 비판적 교육자들은 유럽 중심적이고 가부장적인 교육과정은 억압받는 자들의 정형화된 이미지를 사용하여 "타자들"로 묘사해 건축가들을 만족시킨다고 보고한다.

비판적 문화기술 연구에서의 권력, 구조적 불평등, 그리고 연대

요점을 말하면 비판적 문화기술 연구는 현상학적 탐구처럼 산 경험의 비판적 묘사와 해석을 연구한다. 이러한 탐구 방법들의 주요 차이는 비판적 문화 기술 연구에서 사회 불평등의 구조적 이해에 대한 강조에서부터 유래한다. 물론 현상학적 연구가 개인들이 처해있는 사회구조를 과소평가하는 것은 아니다. 하지만 네오 마르크스주의 철학의 영향을 받은 비판적 문화기술 연구는 개인의 선택과 자유에 선재하는 구조적인 사회 불평등을 강조한다. 여기에서 경험의 묘사나 해석은 사회의 지배권력 구조로 인해 들리지 않는 목소리에 대한 연구이다. 이러한 탐구는 어떻게 억압받는 자들의 집단적인 경험을 드러내고 그들의 목소리를 듣게 하느냐에 초점이 맞춰져 있다(Ladson-Billings, 2001). 비판적 문화기술 연구의 전통에서 경험은 유럽 중심적이고 가부장적인 교육과정 실천에 맞서 싸우는 정치적 계획을 위한 집단적이고 예상 가능한 방법을 통해서 설명된다. 정치적 이용을 위해 집단적이고 공유된 경험을 발견하는 것이 비판적 문화기술 연구의 전제인 것이다.

비판적 이론가들은 세계 시민의식에 대한 신자유주의적 태도가 소외되고, 빈곤하고, 혜택을 받지 못하는 자들에게 사회적 불평등을 영구화하는 이념이나 신념체계를 재생산할 수도 있다는 우려의 목소리를 내었다(Niens & Reilly, 2012). 하버마스(Habermas)(1971), 그람시(Gramsci)(1971), 프레이리(Freire)(1970/2006)는 기득권의 제어와 관리의 이해관계에 의해 지식이 구성되고 유지된다는 상황을 표명하였다. 그람시는 패권적 제도들이 계속적으로 우세한 이념들을 사회적 규범으로서 제시하고 유지한다고 주장하면서 "문화적 패권"이라는 용어를 만들어 내었다. 그람시에 의하면, 지배자의 이념을 파괴하는 과정에서 지배자의 도구를 사용한다면 진정한 사회변화는 불가능하다. 애당초에 지배자의 도구를 쓰는 것은 잘못인 것이다. 개혁적 도구를 쓰지 않는다면 변화는 불가능하다는 것이다. 미국 교육과정에서는 적어도 백인의, 중산층의, 이성애자 남성의, 기독교적 가치관들이 지속적으로 운용되어 왔고 교육과정에 대한 이 패권은 가진 자들의 가치들을 지원하면서 이념들을 영구화시켰다. 비유적으로 말하자면 미국 교육과정은 적자생존이나 경쟁의 신자유주의 이념을 옹호하면서 지배자에 의해 만들어진 단일화된 목소리를 영속화하는 "원죄"를 갖고 태어났다. 교육과정의 분투는 크리스토퍼 콜럼버스, 청도교들, 백인 중심의 해석을 담은 추수감사절과 같은 거대 서사시를 다시 보기 위해 다양한 인식론과 관점에서 검토되어야 한다. 따라서 비판적 문화기술 연구는 억압받는 자들과 억압하는 자들의 의식을 비판적으로 깨움으로써 동등한 인정과 인간화 교육을 위한 정치적 행동을 요구한다(Freire, 1970/2006). 실제로 ARtS 프로젝트팀은 사회적 불평등이 영구화되고 재생산되는 구조적인 문제에 도전할 다른 틀의 필요성을 인식하고 있었다.

문화적 인식, 비판적 인종 이론(Critical Race Theory), 그리고 사회 변화

『문화기술 탐구: 문화와 경험 이해하기』라는 책에서 자네식(Janesick)(1991)은 문화기술지를 특정한 시간과 장소의 특정한 문화를 묘사하고 설명하는 것이라고 정의했다. 스프래들리(Spradley)(1979)에 영향을 받은 자네식은 문화를 "사람들이 경험을 해석하고 사회적 행동을 만들어 내는 데 사용하는 습득된 지식"(p.101)이라고 하였다. 집단적 경험 양식의 발견을 통한 문화적 인식은 문화기술 연구의 중요한 핵심이다. 무엇보다도 비판적 문화연구는 사회적으로 소외된 집단의 그간 이야기되지 않았던 경험을 폭로하는 것을 목적으로 한다. 유럽 중심적인, 가부장적인, 중산층의 관행에 대한 도전은 교육과정 연구와 교육적 실천에서 다른 집단의 경험을 포함하는 것이다(Banks, 2013). 비판적 문화기술 연구자들은 동일한 문화적 배경으로 보이는 사람들 사이에서 공통된 핵심적인 경험이 있을 것이라고 추정한다. 집단적이고 공유된 경험은 유럽 중심적이고 가부장적인 이념을 영속화하는 현재의 교육과정 관행에 이의를 제기할 중요하고 필요한 기표로 간주된다.

무엇보다도 비판적 인종이론(CRT)의 지지자들은 지식체계의 유럽 중심적인 관점에 도전하면서 인종주의가 미국 사회에서 제도화되어지고 있다고 주장한다. 비판적 인종이론(CRT)은 인종적 정의를 위한 정치적 전략으로서 사회에 다양하게 꾸준히 반복되어 나타나 있는 집단적 경험을 분석한다. 이 이론적 틀은 백인 중심의 미국 사회가 유럽 중심의 문화적 패러다임 밖에 있는 소수 인종 가족들과 아이들을 타자화하고 사회적이고 제도적으로 불평등을 조성했다는 점을 설명할 관점을 제공한다(Ladson-Billings, 1995). 비판적 인종이론(CRT)에 기반한 비판적 문화기술 연구는 타자(other)로서 유색 인종들의 공유된 역사를 통한 경험적 지식을 검토한다. 억압의 경험은 비판적 문화기술 연구를 위한 분석적 관점을 제공한다. 문화적 배경이 동일한 집단에서도 다양한 형상의 경험이 존재하지만, 여성, 유색 인종, 노동자, 그리고 다른 사회적으로 소외된 그룹들의 집단적이고 공유된 경험들은 일반적인 사회적 불평등은 차치하더라도 교육 불평등과의 분투를 위해 꼭 필요하게 되었다. 집단적이고 공유된 경험들의 발견은 가능하고 비판적 문화기술 연구에서 중요하다. 정치적 조치는 소외된 그룹의 경험적 지식을 주류 집단에 포함시킬 것을 목표로 한다. 연구자들과 실행가들은 문화적 다양성의 올바른 인식을 위해 문화 집단의 하나됨(we-ness)과 집단적 경험을 전략적으로 추구한다(Gay, 2010). 결과적으로 비판적 문화기술 연구는 대화를 통해 문화적 차이를 발견하고 타자에 대한 문화적 인식을 키우는 데 주로 집중한다(Obidah & Teel, 2001). 공유된 정체성이나 타 집단 경험의 문화적 본질의 발견은 그들의 집단적 정체성을 주류 문화 그룹으로부터 구분하기 위한 필수 조건이다. 예를 들면, 미국 학교에서는 타자의 개념을 유색 인종의 학생들이나 이민자들과 같이 정의되는 타자들에 반대해 백인과 미국 태생 사람들을 중심에 놓는다. 여성들이 인지하는 방법, 유색인종 학생들의 핵심 공통 특징, 노동자 계층의 공유된 경험은 주요한 연구 주제가 되어 왔다(Moon, 2011a).

비판적 문화기술 텍스트로서의 ARtS

비판적 문화기술 연구는 집단적 경험과 그것의 인식과 포용을 위한 연대(예: 자신들의 목소리 내기)를 정치적으로 이용한 사회 변화를 목적으로 한다. ARtS Initiative에 참여한 학생들은 미국 오클라호마주의 한 도시 빈민 지역에 다수의 인종적·민족적 배경으로 다양성이 풍요한 공동체에 살고 있다. 비판적 이론의 이론적 근거를 기반으로 해서 ARtS 프로젝트는 자원이 충분히 조달되지 않는 공동체 안의 학생들에게 목소리를 부여하려 한다. ARtS팀은 개인의 다름을 존중하면서 공동체의 연대를 강조했다. 그리고 공동체 안에서 다름의 개념과 그들의 다름이 올바르게 인정을 받는 것에 대해 학생들과의 연결을 시도했다. 공동체 구성원들 간에 결속은 그 공동체의 목소리들이 들리게 함을 보장 받기 위해 중요하다. 비판적 문화기술 연구의 기본 지침을 따라 독자들이 심미이론에 근거한 방과 후 프로그램에서 형평성과 연대의 중요함을 생각할 수 있도록 생생한 이야기들을 묘사한다. 해방과 사회적 형평성의 주제들과 관련해서 ARtS 학생들은 어떤 방식들로 적극적 시민의식의 학습 경험을 나타내는가? 사회적 패권 구조로 인해 경험의 묘사나 해석은 들리지 않는 목소리들의 탐구이다. 어떻게 억압받는 자들의 목소리들을 들리게 하고 그들의 들리지 않는 경험을 폭로하느냐가 탐구의 핵심이다(Ladson-Billings, 2001). 프로젝트가 진행되는 동안 ARtS팀은 공동체 안의 빈곤과 인종적 차별에 맞서는 학생들 간에 존재하는 비슷하고 핵심이 되는 경험을 설명하는 것에 대해 고민했다. 다양성과 문화적 차이의 토론 시간에서 우리는 학생들에게 유럽 중심의, 가부장적 강조로 인한 교육적 관행에 대해 다시 생각해 보기를 독려했다.

후기구조주의 이론적 접근

후기구조주의 이론들은 담론, 권력-지식, 주체성, 진실들(truths)과 실체들(realities)의 표현 등의 주제들을 다룬다. 사회 정의를 추구하는 연구자들은 억압된 자들의 해방(emancipation) 프로젝트와 그들의 목소리가 들리게 하기 위한 비판적 문화기술 연구에 관심이 많다. 후기구조주의 이론들도 사회 변화를 위한 현상학이나 비판적 이론들과 같은 다른 이론적 틀과 비슷한 임무를 갖고 있다. 후기구조주의 이론들의 주된 관심은 비판적 문화기술 연구가 정규화(normalized)된 양식의 경험을 (재)생산해서 문화적 동일성과 차이의 표준을 만들어 낼 때 생겨났다(Santoro, 2009). '다른' 사람들의 아이들(예: 유색인종의 학생들이나 저소득층 학생들)을 가르치는 데 있어 가치 판단이 포함된 정규화된 경험과 문화에 대한 이해는 다양한 학생들의 경험을 소홀히 하고 그들의 공통성을 찾아내어 집단 간의 차이를 정형화하는 경향이 있다(Ellsworth & Miller, 2005). 이러한 범주들이 미리 결정된 듯, 고정된 듯, 불변하는 듯이 문화적 경험을 대표하는 데 쓰일 때 학생들의 정형화된 모습은 악화된다. 이와 같은 결정화된 양식의 경험과 문화에 대해 반대하는 의견들이 교육연구를 다르게 생각하고 수행해야 하는 필요성을 만들어냈다. 나는 후기구조주의 이론들이 경험의 복잡한 의미들에 대해 계속 심문하면서 형평성과 사회정의에 대한 대화를 풍요롭게 할 것이라 생각한다.

경험을 이론화하면서 스캇(Scott)(1992)은 정확히 과거에 무슨 일이 있었는지 입증할 증거를 넘어선 경험의 의미를 다시 정의하는 데 기여하였다. 소유 개념으로서의 경험에 대한 일상적인 정의와는 달리(예: 나는 나의 경험을 "갖는다."), 그녀는 역사적, 정치적, 담론적 성향의 경험을 검토하였다. 경험은 특정한 역사적 맥락 안에서 힘의 작동과 분리될 수 없고 항상 정치적으로 해석된다. 후기구조주의 이론들은 경험이 정치적으로 중립적이고 만성적으로 "기억 창고"에 저장된다고 믿는 대신 언어의 해석을 통해 생성되는 방식을 탐구한다. 비선형(nonlinearity)적인 경험의 인본주의적 이해를 재고하는 또 다른 중요한 개념이다. 후기구조주의 이론들의 많은 개념들 중에서 나는 ARtS 프로젝트를 분석할 때 이용한 네 가지의 중요한 면에 집중한다.: 1. 담론적으로 구성된 경험 2. 비선형적인 전개로서의 경험 3. 수행적 행위(performative acts)로의 경험 4. (불)가능한 표현으로서의 경험

담론으로 구성된 ARtS 경험

후기구조주의 이론들은 경험이 담론으로 구성되고 권력-지식(Foucault, 1980)을 통해 구현된다고 강조한다. 푸코(Foucault)(1976)는 담론을 언어적 요소로서만 아니라 사람들이 현실을 구성하고 행동을 취하는 방식들을 나타내는 특정한 법규의 집합으로서 개념화했다. 담론은 누가 말할 수 있는지, 무엇이 생각될 수 있는지, 어떤 환경에서 "진실"들이 순환될 수 있는지를 통제한다. 권력 관계는 사회를 이루고 특정한 담론들은 주체의 경험을 구성한다. 다르게 말하면 적절한 경험은 이미 존재하고 있거나 정해진 진실에 의해서가 아니고 주어진 공동체 안의 세력 가동에 의해 정치적으로 이루어진다. 중립적인 지식은 존재하지 않고, 경험은 권력-지식 운용의 결과가 되는 것이다. 힘에 대한 *어떤 것*의 전통적인 이해와는 다르게, 푸코(1978)는 힘은 다발적이고 예기치 않은 방향으로(예를 들면 항상 위에서 아래로가 아닌) *행사되고*, 특정한 담론을 통한 경험에 의해 구성된다고 주장했다. 새로운 형식의 권력-지식은 징계보다는 훈육적 관행들과 가시성의 불가시성, 즉 감시체계인 원형감옥으로 알려진 제도화를 통해 조작된다(Faucault, 1977). 경험의 해석은 권력-지식의 관계가 설명되고 주체의 담론적 형성과 뒤섞여 있는 *진실의 체제*와 밀접히 관련되어 있다(Scott, 2008). *진실 게임*의 분석은 역사 속에서 담론으로 구성된 경험의 탐구인 것이다.

후기구조주의 이론들은 고정된 개념의 경험에 의문을 제기하고, 집단적 역사와 기억의 폭넓은 문화적 변모와 함께 경험에 대한 해석

이 오랜 시간에 걸쳐 변한다고 주장한다(Smith & Watson, 2010). 후기구조주의 이론들에서는 "어떤 것"의 형태로 존재하는 개인의 보고된 경험 안의 의심되지 않은 신념들은 문제시된다. 오히려 주체와 경험을 구성하는 것은 담론인 것이다. 주체성은 사회 정치적, 문화적, 역사적 상황과 순간 안에서 항상 임의적이고, 맥락적이고, 진행과정에 있는 것이다(Jabal & Riviere, 2007). 따라서 경험 자체는 사회정치적, 문화적, 경제적 영향을 받아 담론적으로 구성되는 점에서 공유되고 집단적인 경험처럼 단일화될 수 없다. 후기구조주의 이론들은 자신/타자, 문화적 동질성/차이를 이해하는데 정상화(normalized)된 방식을 만들어내는 그 어떤 이분법도 문제시 한다. 자신과 타자의 고정된 이해와 표현은 경험의 복잡하고 담론적으로 구성되는 경험의 요소들을 마땅하게 설명하지 않는다. 단일의 진실로 주체의 경험의 복잡성을 설명하는 것은 불가능한 것이다. 경험은 항상 담론을 통해 구성되고 특정한 상황에 놓여, 특정한 청중을 위해, 특정한 장소에서 해석된다(Miller, 2005). 스캇(Scott)(1992)은 경험이 본래뿐만 아니라 구성되는 과정에서도 담론적이고 정치적이라는 사실을 선언하면서 경험의 다양성을 설명하였다. 이러한 "담론으로 구성된 경험"에 영향을 받아 ARtS 학생들의 경험을 특정한 역사적 순간과 장소에 놓고 검토한다. 산 경험은 진실의 체제와 상호주체성을 고려하지 않고서는 미리 존재하는 구조들(예: 도시, 유색인종 학생들, 혜택을 못 받는 자) 안에 놓여질 수 없다.

비선형 전개로서의 ARtS 경험

후기구조주의 이론가들, 특히 들뢰즈(Deleuze)와 데리다(Derrida)는 순차성에 의해 추적이 되지 않는 시간의 복잡성을 이야기한다. 들뢰즈의 생각은 시간은 동질성이나 순차성에 의해서가 아니라 이질성과 차이로 인해 생긴다고 여긴다. 현상학의 "존재함"에 대한 존재론적 탐구는 "되어감"의 존재론적 생성으로 바뀌었다(jagodzinski, 2010). 같은 논리로, 경험은 순차적 시간을 통한 고정된 실재가 아니고 이질적인 특별함과 되어감의 생성이다. 들뢰즈의 되어감에 대한 연구에 덧붙여 나는 선형적이고 순차적인 개념의 경험을 문제시하는 관점으로 데리다의 차연*(différance)*의 의미를 설명하겠다.

데리다(1982)는 의미의 공간성과 시간성을 지적하기 위해 *차연(différance)*이라는 잠정적 개념을 생각했다. 프랑스어에는 *différance*라는 단어는 존재하지 않는다. 프랑스어 사용자들이 이 용어를 듣는다면 그들은 그 발음을 *différence*라는 단어와 연관 지을 것이다. 프랑스어로 "e" 대신 "a"로 대체하는 그래픽 개입은 읽히거나 쓰여 질 순 있어도 들리진 않아서 단어의 이미지에만 남아있다. 이러한 임의적인 개념을 써서 데리다는 의미들은 항상 "연기되고"(deferred) "다르다"(different)라고 주장한다. *차연(différance)*은 말이나 글 어느 부분에도 속하지 않고 그들 사이 "낯선" 곳 어디엔가 위치한다. 따라서 *différance*라는 단어는 의미의 형성을 언급하는 동시에 의미의 소실을 보상한다. 문어와 구어 속 기표(signifier)와 기의(signified) 사이의 일관성은 이러한 *différacne*의 예비적 개념 안에서 항상 미뤄지고 달라진다. 실재와 기원에 대한 확신이 의심되는 것이다. 연기(deferring)의 구조는 근원적 또는 순차적 전개로 현재를 살아가거나 순차적으로 미래를 준비하는 것에 대한 의미를 복잡하게 만든다. 과거, 현재, 미래의 범위들은 "실재한 적 없고 실재하지 않을, 다가올 미래가 실재의 형식 안에서 *생신*이나 재생산이 되지 않을" '과거'를 제시한다(Derrida. 1982, p.21, 이탤릭체 원본에서 강조). 데리다는 *차연(différance)*

의 이러한 경계적 개념을 써서 현재나 현재의 실재와 같은 시간의 순차적 개념을 문제화했다. 경험의 의미는 연구자와 참여자 양쪽 모두가 이야기하는 시간과 장소에 따라 지체되게 되어 있다. 데리다는 현재의 조건들이 무엇인지 뿐만 아니라 "현재를 그것의 실재 안에서 생각"하는 것이 무엇인지에 대해 의문을 던졌다(p.21). 그는 이중 전략, 즉 *다른(different)* 의미들과 시간의 *지체(deferral)*를 설명하면서 시간의 선형적 진행에 의문을 품었다. 마찬가지로 질적 연구자들은 의미의 *다름*과 *지체된* 시간의 이중 전략을 통해 경험을 검토한다. 만일 현재나 현재에 머무르기의 의미가 지체되고 다르다면, 질적 연구자들은 "현재" 경험의 개념들이나 이른바 "미래" 경험을 위해 준비하는 것에 대해 질문을 제기해야만 한다. 들뢰즈와 데리다의 생각에 영향을 받아 나는 특정한 시간과 공간에 따라 항상 달라지고 지체되는 ARtS Initiative와 학생들의 경험을 이론화한다. 나의 ARtS의 후기구조적 분석은 과거 경험은 과거 삶의 잔류로 존재하지 않는다는 논쟁에 기초한다. 마찬가지로 미래 경험은 기억 상자 어딘가에 저장되어 있는 과거 경험에 의해 회수되지 않는다.

수행적 행위(performative acts)로서의 ARtS 경험

개인 경험의 소유권은 현상학적 탐구와 비판적 문화기술 연구에 중요한 요소이다. 능동적 행위자로서 어떤 사건을 겪는 사람은 "나"이다. 간단히 말해서, 이 경험에 대해 자발적으로 기억을 유지하는 사람은 "나"인 것이다. 후기구조주의 이론들은 이러한 경험의 소유에 대해 문제를 제기한다. 주디스 버틀러(Judith Butler)(1999)의 중요한 연구, *Gender Trouble*(젠더 트러블)에서 그녀는 문화로서의 젠더(gender)와 생물학적인 성(sex)으로 구별하는 습관적인 범주화에 반기를 든다. 그녀는 성과 젠더 모두가 담론에 의해 구성되므로 양쪽 모두 문화적이라고 주장했다. 그녀의 젠더 수행성 이론(gender performative theory)에서 버틀러는 여성/남성으로 성 정체성을 가르는 이분법적 접근을 저지하였다. 그녀에 의하면, 성 정체성은 되풀이되는 사회적 규범들의 의한 "양식화된 행위들의 반복"이라고 했다(Butler, 1999, p.192). 이 설명은 젠더가 한 사람을 표현하거나 사람이 젠더를 소유한다는 대중적 인식에 반하는 것이다. 성 정체성은 "주체를 앞서고 넘는" 사회적 규범의 집합체가 되풀이되는 강제적이고 의례적인 생성이다(Butler, 2005, p.17). 따라서 주체는 사회적 규범들에 의해 반복적으로 구성되고, 생성되고, 유지되는 "수행적 행위들"에 의해 형성된다. 행위 없는 행위자는 없는 것이다. 주체의 행동에 대한 원인과 결과는 이 문장 안에서 바뀐다. 즉, 무엇을 경험할지 자발적으로 선택하는 사람은 "나"(예: 행위자)가 아니고 경험을 구성하는 사회적 규범의 집합체(예: 행위)이다(Moon, 2011b). 수행성 이론에 영향을 받아 나는 개인들의 소유나 자발적 선택 행위로 인식되는 관습적인 개념의 정체성과 경험에 대해 문제를 제기한다. 사회적 규범[행동] 집합체로의 강조 때문에 수행적 주체는 의지를 갖고 복장, 행동, 행동방식을 자발적으로 선택하지 않는다. 오히려 수행적 주체는 사회 규범의 반복과 재의미화(resignification)로 이해해야 할 필요가 있다(Butler, 1999).

경험은 담론들의 수행적 결과이다. 사회적 규범들의 강제적 반복은 주체를 행동하게 하고 주체와 경험을 위한 잠정적 조건을 구성한다. 이 개념의 수행적 주체는 개인이 소유하는 경험의 본질을 표현할 수 있다고 믿는 인본주의적 경험의 이해에 도전한다. 한 주체의 수행적 행위들은 주체와 경험이 담론의 효과라는 틀에 기반을 둔 것이다.

그 주체는 의지를 갖고 미리 정해진 정체성으로 행동하는 자발적 행위자가 아닌 것이다. 수행적 행위로서의 경험은 주체와 경험이 사회 규범들의 강제적인 반복을 통해 담론적, 사회적으로 구성되는 방법들에 관여한다. 이러한 수행적 행위로서의 경험이라는 개념을 바탕으로 나는 ARtS Initiative를 다른 각도에서 분석한다. 즉 ARtS 학생들의 경험과 그들의 주체성의 소유권과 자율성을 재고하는 것이다. 주체는 담론에 앞서 경험을 소유하지 않는다(Butler, 1999). 다시 말하면, 경험은 담론을 앞서 존재하지 않는다. 경험은 특정한 시간과 공간에서 발생하는 담론적 관행의 효과인 것이다.

현실들과 진실들의 (불)가능한 표현으로서의 ARtS 경험

경험의 표현과 재현은 후기구조주의 이론들의 주요 쟁점이다. 이야기들을 말하는 것은 주체의 경험뿐 아니라 진실들과 현실들을 항상 나타내지 못한다. 다양한 방법들을 써도 진실과 경험을 정확하게 표현할 수 없다. 이 위기는 언어가 지닌 한계점에서 비롯한다. 언어 그 자체는 현실이나 경험의 거울이 될 수 없기 때문이다. 언어는 의미의 전송을 의미하지 않는다(Derrida, 2005b). 경험이란 항상 부분적이고 불투명하기 때문에 경험을 보고하는 데 있어 이야기 전달에 많이 의존하는 것은 문제가 있다고 생각한다. 인류학과 문화연구 분야에서 마르쿠스(Marcus)와 피셔(Fischer)(1986)는 '표현의 위기'(crisis of representation)라고 연구자들이 경험을 묘사하고 해석하는 데 있어 모순과 불확실성에 맞닥뜨리는 상황을 이론화했다. 이 모순은 연구를 통해 경험과 현실들을 표현하는데 딜레마를 생성한다. 자세히 말하면 연구자들은 언어의 한계와 그들의 외적 현실을 보고할 무능력 때문에 경험을 정확하게 표현할 수 없다는 것이다(Lather, 2007; Miller,

2005). 포스트모던 시대의 표현적 위기 속에서 그린(Greene)(1994)은 다음과 같은 인식론적 질문을 던진다. 즉, '우리가 언어의 중재성을 더 이상 신뢰하지 못한다면 무슨 일이 발생하는가? 또한 우리의 인식이 할 수 있는 최선이란 것이 고작 표현된 영역 그 이상에 대해 알지 못하고 외관의 모양만을 파악하는 것이라면 무슨 일이 벌어질까?' (p.209).

후기구조주의 이론들을 토대로 나는 문화기술 연구에서 표현의 위기 때문에 경험의 온전한 표현은 불가능하다고 생각한다. 경우에 따라 시각 예술이나 공연의 다양한 표현들이 글이 전달하지 못하는 특정한 관점들을 제공하는 것을 돕기도 한다. 하지만, 질적 연구자들이 경험을 있는 그대로를 표현하기 위한 해결책이나 대안으로서 방법론적 혁신을 쓰는 것은 인식론적 환상이다. 다수의 표현은 경험의 담론적, 미완성적, 비선형적 구성 때문에 경험의 외면을 어림잡을 수 없다. 그렇기 때문에 다수의 표현 방법들은 자신－타자, 경험, 그리고 그것들의 표현에 관해 생각해 볼 기회를 제공한다.

ARtS Initiative를 표현하고 재현하는 데 있어 나는 문화 기술적 자료, 이미지들, 인터뷰 노트 등을 포함한 다수의 미디어를 사용한다. 나는 ARtS Initiative "있는 그대로"를 표현하려 그것들을 사용하지 않고, 오히려 후기구조주의 이론들을 바탕으로 사회정치적, 담론적, 경제적 맥락과 ARtS 경험의 구성을 탐구한다. 연구자들이 경험의 분석적, 해석적 도구들을 늘리는 것은 다른 어떤 관례적인 분석적 절차의 글쓰기보다 진짜의 경험을 표현하는 것에 가까워 질 수 있다는 것을 보장하지 않는다. 의식을 높이고 새로운 관점을 가져오는 것이 산 경험의 더 나은 자료수집과 분석을 가능케 하는 것처럼 보이지만 이것도 마찬가지이다. 나의 관심은 이 책에 재현된 ARtS를 있는 그대로 묘사하고 분석할 수 있는 무엇이 "있음"(is-ness)인가 이다. 나는 경험을 표현한다는 것의 불가능성을 인식하면서 동시에 경험의 복잡한 의미를 다시 검토한다. 이러한 표현의 위기에 관한 인식은 질적 연구에서 다수의 표현들로 진행하는 연구 방법론을 인정하는 근거 없는 믿음을 지속하는 현재의 연구 관행을 되돌아보는데 중요하다.

이론에 근거한 탐구 질문

이번 장에서는 ARtS Initiative의 동일한 문화 기술적 자료를 분석하는데 적용한 세 가지의 주요 이론적 틀을 제시하였다. 이제 세 가지 이론들이 ARtS 학생들의 삶의 경험과 심미적 경험을 탐구하고 분석하는데 어떻게 영향을 미치는지 보여 주고자 한다. 다음은 각각의 이론적 틀에 근거한 세 가지 다른 영역의 탐구 질문들이다.

현상학적 탐구

a. 학생들이 예술과 심미적 경험에 몰두할 때 그들의 적극적 시민의식에 대해 어떤 의미의 변화가 생기는가?
b. 학생들의 삶의 경험을 반영하는 적극적 시민의식과 공동체의 주요한 비유(메타포)와 이미지들은 무엇인가?
c. ARtS 프로젝트 내 대학 교원, 예술가 교사들, 학교 선생님들과의 협력관계에서 생기는 새로운 가능성과 어려운 점이 있다면 무엇인가?

비판적 문화기술 연구

a. 소외계층 학생들의 지적 자산(funds of knowledge)이 교육과정 안에 어떻게 내포되어 있으며 그들의 산 경험을 통해 어떻게 표현되는가?
b. ARtS 학생들이 그들의 비판적 인식과 민주시민의식을 표현한 학습의 순간에는 어떠한 것이 있는가?
c. 사회 변화를 위한 적극적 시민의식과 다양성을 토론하면서 어떤 방식으로 예술의 역할을 재정립하게 되었는가?

후기구조주의 이론들

a. ARtS 학생들의 경험이 권력—지식, 담론, 차이, 수행성의 의미와 함께 재검토되었을 때 ARtS Initiative의 분석이 어떻게 전개되는가?
b. 학생들의 ARtS 경험을 기존의 정체성, 연대, 문화적 차이, 그리고 사회적 변화를 재검토하는 후기구조주의 이론들을 통해 재조명하면 어떻게 다르게 분석이 가능한가?
c. ARtS Initiative를 표현하고 재현하는 과정에서 연구자의 주체성은 어떻게 존재하는가?
d. 후기구조주의 이론들은 어떠한 방식으로 질적 연구를 위한 다른 틀들을 제공하는가?

일러두기

제2장은 Moon, S. (2016). Poststructural theorizing of "experiences": Implications for qualitative research and curriculum inquiries. *The Journal of Qualitative Inquiry. 2*(1), 33–65의 수정본이다.

CHAPTER 03

따뜻한 마음은
적극적 시민의식이에요!

CHAPTER 03

따뜻한 마음은 적극적 시민의식이에요!

현상학에서의 비유적 표현들

교육자들은 흔히 이론과 경험, 가르침과 배움, 연구자와 교사 등과 같이 이분법으로 양분화 된 세상에서 살고 있다. 맥신 그린(Maxine Greene)은 교육자들이 비유적 표현*(metaphor)*에 관심을 갖고 상상의 나래를 펴서 교육적 경험을 다양하게 증대하기를 격려한다(Greene, 1994). 제3장은 ARtS 학생들의 산(lived) 경험의 비유적 표현과 현상학적 분석의 내용을 다룬다. 비유적 표현은 교육자들, 정책 수립자들, 학생들이 교육에 관해 다른 대안들을 상상할 수 있는 공간과 장소를 제공한다. 나는 이러한 메타포의 사용으로 심미적으로 고안된 방과후 프로그램인 ARtS Initiative를 통해 학생들의 산 경험이 반영될 수 있는 방법들을 검토한다. 이전에 언급하였듯이 ARtS 프로그램은 예술을 통한 예술적 표현의 통합을 통해 적극적 시민의식, 다양한 관점들, 사회적 형평성에 대한 학생들의 이해를 고취시키고자 제작되었다. 그들의 도시 내의 경제적으로 소외된 공동체에서 다른 현실들을 상상함으로써 ARtS 학생들은 비유적 표현인 메타포를 사용하여 추상적인 개념의 적극적 시민의식과 공동체를 이미지와 말로 표현하였다. 상상은 메타포들이 ARtS 학생들의 공동체에 대한 묘사를 만들어내는 것을 가능하게 했다. 어린이들은 "적극적 시민의식은 ____________이다"라는 메타포 형식을 이용해 그들의 적극적 시민의식과 공동체에 대한 이해를 상상했고 표현하였다. 어린이들은 시, 점토 미술, 춤을 이용하여 이 빈칸을 비유를 통해 채웠다.

이 장에서는 "의미들이 떠오르고 의식에 의해 형성되는 방법들"(van Manen & Adams, 2010, p.644)에 대해 묘사하고 해석한다. 분석의 틀들은 예술(예: 시, 점토 미술, 춤)과 학생들의 적극적 시민의식과 공동체에 대한 개념들 사이를 연결하면서 그들의 산 경험을 해석하는 것을 포함한다. 어떤 메타포들은 따뜻한 마음(심장), 여름학교, 약, 물, 바람, 나무들, 사랑이 있었다. 이 장에서는 민주적 시민의식의 의미와 협력의 공동체를 위한 비전을 구축하는 것을 알아보려 현상학적 입장을 적용한다. 예술 그 자체가 이미 비유적 표현들을 포함하고, 예술가 교사들은 예술적 표현들을 통해 학생들의 상상을 구체화하는 데 노력한다. 현상학적 탐구를 바탕으로 나는 ARtS 학생들이 상상(친숙한 것을 낯설게 하고 관련되지 않은 것들을 함께 연결하는)의 나래를 펴는 방법들을 제공한다. 상상을 통해서 학생들은 다를 수 있는 현실들을 보았고, 그 현실들은 아이들이 역동적인 교육 탐구에 몰두하게 해 주었다(Greene, 1995).

따뜻한 마음(Heart)과 적극적 시민의식

심장의 예술성(The Art of Heart)

적극적 시민의식에 대한 이해를 표현하는 과정에서 ARtS 학생들은 상상력을 발휘하여 생생한 메타포들과 함께 여름학교, 굉장한 파티, 나무와 씨앗들, 꽃, 간호사 등의 기발한 아이디어를 나누었다. 심장, 달리 말해 따뜻한 마음은 학생들의 상상에 가장 빈번히 나왔던 메타포였다. 심장은 우리 몸의 중심부에 있기에 적극적 시민의식과 공동체의 개념들의 중심도 마음에 있었던 것이다. 마음은 우리 몸과 정신의 중심부이고 우리의 몸을 가동시키고 영혼을 움직인다. 심장의 산소는 진정한 즐거움, 공동체가 전에 생각하지 못했거나 적어도 명확하게 설명하지 못했던 대안책을 상상하는 즐거움이다. 심장은 학생들이 예술과 심미적 경험에 몰두해 있는 동안 또 다른 공동체를 상상하는 방식에 관한 담론의 중심부에 있다. 새로운 산소와 영양분이 우리의 동맥을 순환하는 것처럼, 우리는 다른 사람들과 함께 하는 삶에 대해 생각하고 대체가능한 현실들과 함께하는 민주적 공동체를 만들기 위해 자유를 퍼뜨린다(Greene, 1998). 예술과 심미적 경험은 ARtS 학생들, 예술가 교사, 학교 교사들, 대학 교수들에게 적극적 시민으로서 우리 공동체의 대안적인 현실들을 다시 상상하는 시민의 의무에 참여할 역동적인 갈망의 기회를 제공하였다.

심장의 박동(The Pulse of Heart)

인간의 심장은 하루에 십만 번을 뛰고, 7,200리터의 피를 온 몸으로 내보낸다. 이 피가 동맥을 통해 전달되듯이 우리의 인간관계에 대한 바람도 그러하다. 사람의 심장, 박동하는 공동체의 중심은 엄청난 에너지와 노력으로 시민들의 정신을 연결한다. 또한 이 정신은 하나의 심장이 할 수 있는 것보다 더 훌륭하게 삶과 활기를 공동체에 공급한다. 한없이 광활한 사람의 마음은 중요한 장기보다 더 위대한 목적을 필요로 한다. 각각의 맥박으로 심장은 하나로 단합되어 있는 공동의 연결을 반복적으로 필요로 한다. ARtS Initiative 동안 학생들은 특별히 해석적 율동을 통해 이러한 감정을 나타내었다.

프로젝트 동안 학생들은 반복, 단계 변화, 신호등의 기본 율동 기술을 배우고 연습했다. 인간 심장의 공동의 박동에 영감을 받아 이바와 안젤라는 생명체들의 심장 박동을 반복적으로 나타내는 것을 통해 그들의 손가락을 이용하여 심장의 모양을 만들어 반복에 대한 이해를 나타내었다([사진 3.1] 참조).

✦ [사진 3.1] 적극적 시민의식은 심장박동과 협동

이바: 적극적 시민의식은 협력하는 것이에요. 왜냐하면 안젤라와 저는 같이 일하니까요. 우리가 같이 생각을 떠올린 것 처럼요. 나는 안젤라가 무엇을 할지 몰랐을 때 도와주고 싶었어요. 그래서 전 댄스 동작을 알게 도와주었고 우리는 둘 다 해냈어요. 그리고 … 적극적 시민의식은 제가 방금 이야기 한 것과 같아요. … 또 율동 동작들도 적극적 시민의식 같아요. 왜냐하면 심장 … 왜냐하면 마음에서 누군가를 느끼니까요…

션 교수: 그래서 하트를 만들려고 반복을 하는군요?

이바: 네. 그리고 우리가 같이 일할 때 우리의 심장도 뛰어요.

션 교수: 더 빠르게요?

이바: 네. 이렇게 빨리 뛰어요 … 그러다가 터지고 그 다음엔 반짝여요 [웃음]…

이바와 안젤라의 반복하는 움직임이 보여주듯 심장들의 리듬이 우리에게 우아한 춤 형태로 흘렀다. 심장은 우리의 통찰력을 변화시켰다. 그것은 또 우리를 연결했다. 하루에 십만 번 뛰는 심장은 이러한 식견들을 운반하고 그것들을 현실로 만들었다. 하나가 아닌 다수를 위한 삶을 변화시키는 현실 말이다. 심장은 개개인을 연결하고 온화한 포용으로 서로의 마음을 덥혀주는 연결고리가 된다. ARtS팀은 그들이 배운 것을 이웃들과 나누려 공동체의 밤을 준비했다. 무용가, 교수들, 학교 교사들, 학생들 모두가 적극적 시민의식을 표현하는 안무를 만드는 데 참여하였다.

희망 초등학교에서는 제니퍼와 체이스가 짝을 지어 친구들, 무용가, 교수 앞에서 몸짓을 표현하였다. 친구들 앞에서 이 두 소녀들은 그들의 몸 앞에 한 손을 펼치고 그 다음엔 다른 손을 펼쳤다. 팔을 앞으로 곡선을 그리면서 그들은 우아한 반원 동작을 보여줬다. 그 다음엔 그들의 팔을 가슴 앞에서 교차하고 각각의 손으로 반대 어깨를 감싸 안았다. 그 다음 손바닥을 앞으로 향한 채 두 손을 골반 옆에 두고 두 팔을 펼친 채 그들의 몸 옆쪽으로 놓고, 부드럽게 천장을 향해 그들의 팔을 올렸다가 원위치로 돌아올 때까지 다이빙을 하듯 곡선을 그리며 내려왔다. 조심스럽게 양손을 반대편 어깨 위에 접어서 안고 그들의 적극적 시민의식에 대한 이해를 사랑(공동체적 포용의 필요)을 통해 아름답게 나타내었다. 이 동작을 반복할수록 그들의 움직임이 마치 심장이 고동치는 것처럼 보였다. 심장은 뛰고, 고동치고, 쿵쾅거리며 우리의 동맥들을 통해 사랑에 대한 인간의 욕구를 전달한다.

심장 박동에 의해 피가 순환하듯이, 아이들의 공동체와 사랑에 대한 생각들도 그러했다. 우리가 제니퍼와 체이스의 율동에 대해 이야기할 때 다른 아이들도 그들의 동작에 대해 해석하고 조언해 주었다. 스테이시는 상대방의 어깨에 포갠 손이 어떻게 해서 서로 "사랑을 교류"하려는 시도였는지 설명하였다. 댄스 교사가 율동을 하자 타비스는 팔을 그의 가슴 앞에 교차하여 양손은 반대편 어깨를 감싸며 체이스와 제시카의 움직임을 따라하였다([사진 3.2] 참조). 움직임을 따라하는 동안, 타비스는 아이들이 왜 이 동작으로 사랑을 표현하려 했는지 궁금했다. 트레이시는 "너의 심장은 바로 여기에 있으니까 그것을 교차하는 것 같아"라고 제안하였다. 타비스는 트레이시의 해석을 자신의 생각과 연결하며 "팔을 교차해서 가슴 위에 얹는 것은 친구들을 네 마음에 가지고 있는 것 같아"라고 생각을 건네었다.

✦ [사진 3.2] 적극적 시민의식은 사랑과 마음의 교류
(비디오 정지 이미지)

적극적 시민의식을 표현하는 가능한 동작들을 설명한 후에 무용 선생님인 아비가일은 학생들에게 연락을 취하는 동작들을 소개하였다. 학생들은 한 손을 쭉 뻗고 다른 한 손을 우아하게 반원을 그리며 몸 앞쪽에서 옆 방향으로 쓸어 왔다([사진 3.3] 참조). 공동체의 심장을 상상하면서 ARtS 학생들은 각각의 손으로 반대편 어깨를 감싸 안으며 그들의 가슴 앞에서 팔을 교차하였다([사진 3.4] 참조).

✦ [사진 3.3] 적극적 시민의식은 나눔과 포용(비디오 정지 이미지)

✦ [사진 3.4] 적극적 시민의식은 공동체의 심장(비디오 정지 이미지)

학생들의 연합된 움직임처럼 하나가 된 우리 심장들의 박동은 사람들을 따뜻하고 편안한 포용으로 모아주는데 그것은 우리의 마음을 보호하고 위로하는 포용이다. 심장박동이 고동칠 때마다 우리는 동료들을 단단하게 안는다. 우리는 사랑하는 사람들을 포용 안에서 안전하게 지키며 우리의 정신 안에 깃든 사람들과의 연결 관계를 소중히 여긴다.

심장의 순환

매 시간 우리의 심장은 300리터의 피를 순환시키고, 우리의 일생 동안 세 대의 거대한 기름 탱크 트럭과 동일한 양의 평균 백만 배럴의 피를 뿜어낸다고 한다. 이러한 힘과 함께 심장의 영역은 경계도 없고 한계도 없다. 심장의 조건 없는 연민은 제한을 모르고, 편견도 모르고, 그 사람의 성향도 알지 못한다. 심장과 많이 비슷하게 적극적 시민의식도 경계가 없다. 그것은 시간, 공간, 계급, 인종을 연결한다. 숨이 막혀 공기가 필요할지도 모를 공동체에 삶을 불어준다. 적극적 시민의식은 변화를 위해 새로운 가능성을 향한 기회를 밀어붙이는 것이다. 심장은 변화를 유지하는 중요한 기관이며 삶의 액체를 끊임없이 순환시키며 우리 몸을 건강하게 지킨다. 사회학자 뒤르켐(Durkheim)은 개인의 심장들이 사회적으로 연결되어 있는 것을 설명하기 위해 심장-순환의 메타포를 사용하였다. "모든 심장들이 같이 뛰는 것은 갑작스럽고, 미리 생성된 조화의 결과가 아니라, 하나이고 동일한 힘들이 심장들을 같은 방향으로 밀어 붙이고 있기 때문이다"(Durkheim, 1982, p.52). 시민들의 집단 감정은 "공유된 실재의 산물, 개인들의 의식들 사이에서 행동과 반응들이 총동원된 산물"(p.56)이다. 인간의 동맥들은 심장으로 연결되어 있고, 더욱 정의롭고 공평한 사회를 위한 시민들의 요구를 추진하는 새로운 현실들을 창조하면서 회로처럼 사회적으로 상호 연결되어 있다.

ARtS 학생들은 심장의 메타포를 통해 "연결되어 있는 상태"에 대한 생각들을 나누었다. 6학년의 체이스는 심장 모양을 통해 타인과 연결되고 싶은 마음을 상징화하면서 이를 핀칭 기법(역자주: 점토를 손가락으로 꼬집듯 눌러가면서 형태를 만드는 방법)으로 만든 점토 컵에 장식하였다([사진 3.5] 참조). 그녀는 "사람들은 당신이 사물들을 보고 공동체와 시민의식을 느끼길 원해요. [이 핀치 팟 안의] 하트는요… 당신이 해야 할 일은 단지 마음으로 어떻게 느끼는지 듣고 표현하는 것이에요"라고 표현했다.

✦ [사진 3.5] 적극적 시민의식은 마음의 느낌을 듣고 표현하기

모든 동맥들은 심장을 통해 연결되어 있다. 이와 같이 심장은 적극적 시민의식으로서 공동체 안의 다른 마음들의 온기 속에서 동료애와 안전을 찾기 위해 다른 사람들과 연결되고 싶은 욕구를 표출한다. 심장은 상호연결이라는 공통의 목적을 향해 순환하며 모든 시민들의 산 경험과 연결되어 있으므로 이러한 공감의 중심에 위치한다. 몸의 중앙에서, 중심지, 정신으로서 심장은 삶을 모든 생명체에게 불어 넣는다. 몸 전체의 중요한 요소들을 순환하면서 심장은 우리의 생명을 붙들고 있다. 이 생명들은 우리에게 다른 사람들의 경험들을 공감하게 하고 우리와 연관 짓게 하면서 인간의 산 경험으로 조화롭게 연결되어 있다. 이러한 생각은 ARtS Initiative 활동에서 5학년 엘리스의 콜라주와 시에 표현되었다([사진 3.6] 참조).

✦ [사진 3.6] 적극적 시민의식은 정해지지 않은 행동이지만
컵케이크처럼 달콤해요. 구울 때마다 새로운 프로스팅을 얹어요.

적극적 시민의식은 영양분
공동체에 매일 비타민을 공급해요
간호사처럼 건강하고 깨끗하게 공동체를 지킬 수 있어요…
적극적 시민의식은 예쁜 강아지
공동체의 친구
그것은 당신이 공동체에게 정겨운 장난과 함께 사랑을 요구하게 할 거예요
그것은 정해진 행동이 아니지만 컵케이크처럼 달콤해요
구울 때마다 새롭게 달콤한 아이싱을 얹어요…
적극적 시민의식은 매일 정리하는 침대
우리는 따뜻하고 아늑하게 가꾸기 위해 매일 침대보를 교환하죠
밤에 항상 따뜻하기 위해서요. (앨리스)

사람들의 생명은 우리 모두에게 인간관계와 안정의 유지를 갈망하게 하며 심장의 동맥을 통해 회로처럼 연결되어 있다. 앨리스의 시처럼 적극적 시민의식은 이러한 사람들의 욕구에 양분을 준다. 공동체 안에서 연결된 우리의 심장들은 사랑을 통해 공동체에 매일 비타민을 공급하는 것처럼 보인다. 서로 교차된 심장들은 사람들과 공동체들을 위한 지속적인 사랑을 요구하는 강아지와 사는 것과 비슷하다. 사람들 또한 이러한 순환 연결을 통해서 감정적으로 활기를 찾는다. 앨리스가 언급한 것처럼 적극적 시민의식을 통해 공동체는 활기를 되찾고, 이는 마치 컵케이크를 "구울 때마다 새롭게 달콤한 아이싱을 얹는 것"이나 "우리를 따뜻하고 아늑하게 가꾸기 위해" 매일 침대를 정리하는 것과 비슷하다. 밤에 항상 우리를 따뜻하게 유지하기 위해서 말이다. 사람들의 상호연결을 통한 따뜻함의 경험은 다른 사람들과의 관계를 통해 많은 사람들에게 삶을 불어 넣어 주고, 개인에게는 보호받고, 안정되고, 활기를 되찾음을 느끼게 해준다. 예술과 시민 교육을 통해 표현된 적극적 시민의식은 공동체, 교사들, 정책 수립자들과 학생들의 심장과 정신을 통해 순환한다. 이 발전하는 연결고리들은 나이, 성, 인종을 거스르는 상호 연관됨을 조성할 수 있다. 모든 개인들을 연관시키고 연결하는 심장의 수용력은 영혼의 중심을 단단하게 잡는다. 칼로의 "두 명의 프리다"(https://www.pbs.org/weta/fridakahlo/worksofart/index.html 참조)는 인간의 심장들이 상호 연결됨을 한층 더 강조한다. 그 이미지에서 칼로는 심장들이 노출된 채로 그들 영혼의 정맥들로 연결된 두 여인을 묘사한다. 연결된 정맥들은 두 여인을 통해 공유된 실재를 만들며 삶을 순환시킨다. 여인들의 열린 심장 주변의 이미지는 연결에 대한 갈망, 또 다른 영혼과의 연결에 대한 욕구를 나타낸다. 시민들은 시민적 참여를 통해 하나가 되어 사회 변화로의 동참으로 준비된 전체의 심장을 만들 수 있다. 어려움이 극대화된 것 같은 절망적인 시대에 공동체의 심장 박동은 더 강한 미래를 위해 시민들에게 사회 변화를 위해 일할 것을 격려하며 그들의 삶을 끌어당긴다.

협력관계와 ARtS: 공유된 심장

ARtS의 중심은 공유된 심장처럼 예술가 교사들, 미술 교육자들, 대학 연구자들 간의 유기적인 협력이다. 여기에서는 협력관계의 지원을 받은 프로젝트에 참여한 학생들이 *공동체*와 *적극적 시민의식*과 같은 개념들의 이해를 건설적으로 발전시켰던 방법들에 대해 설명하겠다. 가르침과 배움의 과정의 생생한 묘사는 예술가 교사들과 미술 교육자들 간에 유익한 협력의 교육적 시사점들을 나타낸다. 그리고 이는 예술을 통한 형평성 기반의 탐구를 위한 구체적인 교육적 접근 방법의 설명이 된다. 사회학의 통상적 시민 교육은 지배구조, 시민의 책임, 시민의 권리를 강조한다. 하지만 ARtS Initiative는 다수의 관점들로 공유하는 산 경험들과 적극적 시민의식과 공동체를 생각하는 데 있어 상상되지 못했던 공간들을 시각화하면서 토론의 공간을 창출한다. 시 쓰기, 점토 미술 만들기, 댄스 활동을 통해, 학생들은 공동체와 적극적 시민의식에 대한 그들만의 상상의 나래를 펼쳤다. 예를 들면, 시 쓰기 시간에는 학생들은 나무, 굉장한 파티, 여름학교, 공동체를 돌보는 영양분 등의 메타포로 그들의 적극적 시민의식에 대한 이해를 표현했다. 다음에서는 예술가 교사, 교사, 대학교수의 도움으로 학생들이 시를 쓰는 과정을 설명하고 다니엘라의 시 "적극적 시민의식은 끝내주는 파티!"를 소개하겠다([사진 3.7] 참조).

✦ [사진 3.7] 적극적 시민의식은 끝내주는 파티

적극적 시민의식은 끝내주는 파티에요
시민들은 같이 모여요
시민들은 서로 도와요…
우리 공동체 안에 있는 혼돈 속에서
시민들은 춤을 춰요
다수의 생각들 안에서
우리는 의견을 모아요
시민들이 의견을 모을 때
우리는 더 나은 공동체를 만들어요
이는 환영하는 공동체 만들기에 대한
합의지요.

다니엘라를 포함한 몇몇의 학생들은 시에 관한 지식은 있었지만 실제로 지어 본 경험이 없었다. 운율을 맞추고 규칙을 지켜야 하는 부담이 그들의 느낌과 생각을 자유롭게 표현하는 것을 방해하였다. ARtS팀이 공동체 속의 적극적 시민의식을 주제로 학생들에게 시 창작의 과제를 주었을 때 그들은 글을 바로 쓰지 못하고 힘들어했다. 학생들이 시를 쓰는 것에 편안해 하지 못할 때 ARtS팀은 그들과 깊이 있는 대화를 나누기로 결정하였다. 우리는 메타포가 무엇인지 그들의 관점에서 설명하려고 노력하였다. 이어지는 발췌 부분은 5학년인 다니엘라가 그녀의 시를 완성했던 방법을 나타낸다. 다니엘라는 생각을 나눌 때에는 적극적이었지만 시를 쓰는 데에는 활동에 집중하지 못하는 등의 문제가 있었다. 이에 학생들은 적극적 시민의식에 대한 생각을 개념화하기 위해서 잡지와 신문에서 관련된 이미지를 선택하는 것으로 시 짓기 활동을 시작하였다. 다니엘라의 처음의 생각에 기초해서 교사 크리스틴과 션 교수는 그녀가 메타포들을 이용해 적극적 시민의식에 대한 생각들을 묘사하는 것을 도와주었다. 이어지는 대화에는 다니엘라가 적극적 시민의식과 끝내주는 파티 사이를 연결하는 과정이 간단하게 묘사되어 있다.

크리스틴 선생님: 적극적 시민의식을 생각할 때 다니엘라에게 가장 먼저 떠오르는 것이 무엇이죠? 맞고 틀린 답은 없어요. 머리에 처음으로 떠오른 것이 무엇이에요?

다니엘라: 모르겠어요… "적극적 시민의식은 파티이다" … 이것이 제가 아는 전부에요.

크리스틴 선생님: 좋아요. 그럼 더 설명해 보겠어요? 파티는 어떤가요?

다니엘라: 왜냐하면 사람들이 함께 가서 모이니까요… 이렇게요?

션 교수: 아주 좋은 생각이네요. 내가 제안 하나 할게요. 혹시 형용사가

무엇인지 알고 있나요?

다니엘라: 모르겠어요.

션 교수: 형용사는 명사를 꾸미는 말이에요. 명사는 무엇이죠?

다니엘라: 사람, 장소, 물건을 가리키는 말이에요.

션 교수: 맞아요. "아름다운 꽃"이라는 말에서 "꽃"은 명사이고 "아름다운"은 형용사이에요. 여기 "파티"라는 명사가 있어요. 이 단어 앞에 어떠한 형용사를 넣고 싶은가요?

다니엘라: 끝내주는?

션 교수: 왜 "끝내주는 파티"인거죠?… 좋은데요. "적극적 시민의식은 끝내주는 파티이다" … 여기에 단어를 써 넣을 수 있겠어요?

다니엘라는 그렇게 아름답게 그녀의 콜라주 프로젝트를 완성했고 학급 친구들과 공유했다. 대화에 나타난 대로, 처음 대화는 크리스틴 선생님이 다니엘라가 적극적 시민의식에 관한 이미지들을 떠오르게 도와줄 때 시작되었다. 다니엘라는 "연결합시다"와 "시민들의 파티"와 같은 단어들을 나열하면서 콜라주를 만들었다. 션 교수와 크리스틴 선생님은 다니엘라가 더 많은 형용사들을 그녀의 시에 포함할 수 있도록 격려하였고, 다니엘라는 "파티"를 묘사하는 데 "끝내주는"이라는 단어를 포함하였다. 다니엘라는 시인 크리스틴 선생님과 션 교수의 도움으로 이틀 동안 작업을 하였다. 몇 번의 수정 후에 그녀는 그녀의 시 짓기 프로젝트를 완성하였다. 다니엘라는 그녀의 적극적 시민의식에 대한 이해를 재미있고 매력 있는 메타포인 "끝내주는 파티"를 사용하여 자신의 생각을 성공적으로 표현하였다. 그녀는 기쁨, 합의, 불일치, 더 나아가 혼돈으로 이루어진 공동체의 유연한 원동력을 표현하였다. 듀이(Dewey)(1929)는 교육자들에게 교육은 미래를 위한 것이 아니고 현재를 위한 것이라고 거듭 상기시켰다. 학생들은 미래를 위해 교육하는 목표물이 아닌 것이다. 학생들의 관심은 지금이고 여기이며 이것은 적극적 시민의식의 의미를 이야기하는데 중요한 부분이다. 다니엘라는 그녀가 지은 짧은 시에서 그녀의 공동체에서 겪고 있는 노숙자들의 문제, 합의를 보는 일, 모든 시민을 위한 배제가 아닌 포용하는 파티 같은 즉각적인 관심 사항들을 표현하는 데 최선을 다했다. 듀이의 철학을 바탕으로 ARtS Initiative팀은 학생들이 매일 교실에 가져오는 이슈들을 조심스럽게 경청하였다. ARtS Intiative팀은 학생들에게 시민의식은 그들로부터 멀리 떨어져 있지 않고 그들의 일상생활 경험에 가까이 있다는 것을 상기시키며 공동체와 공동체 안에서의 그들의 역할들에 대한 이해를 함양하는 길을 제공하였다. 이에 학생들은 예술을 통해 민주적 시민의식을 해석하는 방법들을 탐구하였다.

예술의 심장: 협력관계의 이미지들

산 경험과 메타포들: 예술의 힘과 힘의 예술

메타포들은 창의적인 생각들을 제약 없이 표현하는 문을 열어 준다. 학생들의 적극적 시민 참여 의식의 개념을 풍부하게 하는 이분법적 공간의 사이가 상상되고 창조된다. 메타포는 이론과 경험을 연결할 뿐만 아니라 현실의 해석들을 증가시킨다(Greene, 1994). 심장은 몸 전체를 통해 삶을 추진하며 우리가 보지 못하는 주요한 요소들을 취하고 그것들을 우리가 살아가는 연료로 만든다. 심장과 같이 적극적 시민의식은 공동체를 위한 시민들의 비전들을 종합하고 이러한 이미지들을 현실화한다. 예술의 힘과 힘의 예술은 상상의 공간과 장소를 여는 데 깃들어 있다. *공간*과 *장소*로서의 ARtS Initiative는 열려 있고 지원하는 협력관계를 통해 배움의 과정을 소중히 할 뿐만 아니라 긍정적인 배움의 경험을 고려한다. 시, 안무, 춤의 지원을 받은 메타포의 실행은 ARtS 학생들이 공동체적 참여에 지속적인 관심을 갖게 하였다. 다르게 생각하는 방법에 노출되었을 때 학생들에게는 그들의 기존의 가치를 재검토함과 다른 관점들과 삶들을 받아들이는 것이 연결된 새로운 깨달음이 일어난다.

메타포의 예술은 학생들에게 그들의 사적인 경험들을 묘사하고 공동체 안에서 그들에게 노출되어 있는 위협을 완화하는 토론의 장을 제공하였다(Rhodes & Schechter, 2014). 그들의 이야기와 메타포는 힘의 행위들을 표현할 수 있고, 심장이 동맥을 통해 온 몸을 순환하고 정화하는 것처럼 시민의 참여정신을 고취시킬 수 있다(Greene, Burke, & McKenna, 2013). 학생들이 더 나은 시민적 책임 의식에 참여할 수 있도록 교육자들은 "일반적인 시민윤리" 관행으로부터 "새로운 시민윤리"로의 실천으로 바꾸는 것을 고려해야만 한다. 일반적인 시민윤리에 기반을 둔 새로운 시민윤리는 학생들이 시민 지식뿐만 아니라 "시민으로서 필요한 기술들과 자질들"을 배우는 데 집중하고, 이 지식은 "시민 지식, 시민 기술, 시민 자질"을 포함하고 있다(주 교육위원회, 2013, p.2). 수동적인 시민의식 교육에서 벗어나 학생들은 시민의 의무를 개념화하고 이행하는 데 적극적이고 역동적인 역할을 한다. 이러한 예는 ARtS Initiative에서 학생들이 따뜻한 마음으로 미리 제한된 경계나 한계 없이 공동체 안에서의 동정과 열정을 창출했던 것처럼 잘 나타나고 있다. 공동체 안에서 다급한 문제들에 참여하는 공간을 열었던 이바의 심장의 이미지처럼, "심장"의 예술은 정서적 영역의 시민교육에 존재한다. 이러한 정서는 이바의 공동체 내 안전 문제를 눈에 띄게 표출하였다. 적극적 시민들은 "개인적으로 책임감 있고, 참여적이며, 정의를 중요하게 여기고"(Westheimer & Kahne, 2004, p. 237), 공동의 변화를 전망하며 안전과 같은 사회형평성 이슈들을 언급할 것으로 간주된다. 그리고 심장의 메타포는 공동체에서 그들의 적극적 역할을 상상하고 있는 학생들에게 스며있는 사랑의 건설을 위한 공간을 열어 준다.

협력관계와 ARtS의 중간적 공간

나는 ARtS Initiative에서 대학－학교－공동체의 협력관계의 가치를 이해한다. 문화지리학자 에드워드 소자(Edward Soja)(1996)는 양자택일의 이분법을 넘어선 가능성을 상상하며 제3의 공간(Thirdspace)이라고 알려진 중간적 공간의 이론을 설명했다. 중간적 공간에서는,

> 모든 것이 제3의 공간에서 모인다… 현실과 상상, 알 수 있는 것과 상상할 수 없는 것, 반복되는 것과 차이나는 것… 매일의 생활과 끝나지 않는 역사. 무엇이든 제3의 공간을 별개의 특정화된 지식이나 배타적인 영역들로 쪼개는 것은 그것의 의미와 개방성을 파괴한다.(Soja, 1996, pp.56-57)

이러한 제3의 공간에서 관습과 이분법적인 구분을 검토하게 되고 이에 새로운 사고방식이 떠오른다. 나는 ARtS Initiative를 고안하고 실행하는데 진행형으로서의 교육과정(curriculum－in－the－making)과 과정－성찰 기반교육을 강조하면서 중간적 공간의 의미를 응용하였다.

진행형으로서의 ARtS

예술가 교사들과 학교 교사들의 협력관계는 학생들의 학습 진도와 시간 관리에 따라 교육과정을 즉흥적으로 제작하는 훌륭한 기회를 제공하였다. ARtS 프로그램이 방과 후 수업의 형식으로 운영되었지만, 연구팀은 학습 기준에 근거한 설정된 목표를 사용하였다. 예를 들면, 시 짓기 시간에 우리는 어떻게 예술이 개인이나 사회의 신념, 가치, 행동 양식들을 설명하거나 바꿀 때 쓰이는지 알아보는 영어교과(English Language Arts) 성취기준을 설명하였다. 션 교수는 ARtS Initiative의 철학을 설명하고 교육과정을 협력적으로 개발하기 위해 예술가 교사들과 학교 교사들을 위한 6시간의 교사연수 프로그램을 진행하였다. ARtS팀은 교사연수를 통해 학생들의 문화를 포함한 자신들의 배경에 대한 이해와 점토 미술, 춤, 시를 중심으로 학제 간 교육과정을 생각하는 기회를 마련하였다. ARtS Initiative는 활동들이 진행되는 동안 교육과정 변화에 개방되어 있었다. 프로그램 활동 시작 전과 끝난 후에 교수들, 학교 교사들, 예술가 교사들은 그 날의 활동들을 되돌아보고 학생들의 이상적인 학습 방법들을 고려하였다. 션 교수와 아비가일 선생님은 ARtS의 목표를 확인하고 댄스 활동시간 동안 학생들의 학습 진행상황에 대하여 다음과 같이 의논하였다.

> 션: 교육에서 예술의 목표는 가능성에 대한 개방입니다. 어떻게 생각하세요? 우리는 우리의 상상을 폐쇄하지 않고 가능성을 개방하려고 노력하고 있지요. 바로 이 점이 ARtS 교육과정 개발에 주력을 하고 있는 부분입니다. 우리가 고정된 교육과정을 잊고 어떻게 아이들이 진정으로 배움의 과정을 즐기는지를 지켜본다면 어떨까요? 그러면

아이들은 다른 사람의 의견에 더 경청할 것입니다.

아비가일: 네, 맞습니다!

션: 선생님이 이런 융통성에 괜찮으시기를 바랍니다.

아비가일: 너무 좋은데요. 너무 좋습니다. 훌륭해요. 수업이 진행되는 방향에 따라 계획한 활동을 바꾼 것 같은데 우리는 교육 목표를 바꾼 것이 아니고 활동을 바꾼 것이니까요.

션: 우리는 공동체 문제들과 적극적 시민의식을 어떻게 언급할 것인가라는 아주 확실한 목표가 있습니다. 선생님께서 말씀하신 것처럼 미리 만들어졌죠. 다소 고정된 목표들처럼 말이에요.

아비가일: 맞아요. 하지만 그 목표에 어떻게 다가가는가는 열려있지요.

이 대화는 교육과정 개발에 유연성의 중요함, 즉 만들어지고 있는 교육과정(Miller, 2005)을 표현하고 있다. 나는 표준화된 교육과정에서 개방형 교육과정의 중요성을 강조한다. 미리 구성된 교육과정은 학교 교사와 예술가 교사의 전문성을 감소시킨다. 이러한 상황에서 그들은 학생들을 위해 교육과정을 고안하는 전문적 역할 대신 그들에게 주어진 "이미 만들어진" 꾸러미의 사용자가 되는 것이다. ARtS Initiative는 교육과정 개발에 있어 가르치기와 예술적 전문성을 강조하며 학습에서 표준화 운동과의 긴장감을 헤쳐 나아갔다.

과정의 ARtS, 성찰 기반의 교육

ARtS팀은 방과 후 프로그램을 9주 동안 주 2회 수업(6시간)으로 진행하는 프로그램으로 기획하였다. 처음에 예술가 교사들은 프로젝트를 이러한 시간적 제약 안에서 완성하는 것을 우려하였다. 그 중 무용 교사 아비가일이 한정된 시간 안에 학생들에게 만족할 만한 교육효과를 줄 수 있을지의 문제를 두고 제일 많이 걱정하였다. 이러한 딜레마를 안고 있었지만, 연구팀은 충분한 시간을 두고 심미적으로 디자인된 방과 후 프로그램 교육의 목적에 집중하였다. 예를 들면, 대학 교수 션은 학생들이 예술 프로젝트를 경험하면서 민주적 가치를 생각하고 탐색해 볼 많은 방법들을 강조하였다. 결국 연구팀은 좋은 예술 기술의 습득을 경시한 것이 아니라 민주 시민의식, 공동체, 다원주의를 중시하면서 기능적 훈련보다 정서적 발달을 더 강조한 것이다.

한정된 시간의 어려움을 겪으면서 ARtS팀은 공동체의 밤 행사를 위한 다른 형식의 댄스 공연을 생각해냈다. 공연에서 학생들의 댄스 안무의 창작 과정과 그들의 공연에 대한 생각들을 설명하기로 한 것이다. 연구팀은 학생들이 로코모션, 단계 변화, 반복 등의 기본 춤 동작을 연습할 때 다수의 순간들을 영상으로 남겨 두었다. 청중들은 학생들의 학습 과정에 간접적으로 동참하면서 개인, 소그룹, 전체 공연들을 감상할 수 있었다. 공동체의 밤 행사에서의 댄스 공연을 묘사해 보면 다음과 같다. ARtS 학생들은 무대에서 적극적 시민의식의 개념을 표현하기 위해 개인별, 그룹별로 줄을 섰다. 춤은 아비가일의 중요한 탐구적 질문인 '적극적 시민의식을 어떻게 동작으로 표현할까?'의 설명으로 시작하였다. 아비가일의 소개 후 아이들은 차례로 몸짓을 재현하였다([사진 3.8] 참조). 에리카는 몸을 굽히고 손으로 공중에서 원을 만드는 동작을 보였다. 페이지는 무언가를 잡을 듯이 공중에서 두 손을 움직였다. 지아는 두 손으로 공중에서 큰 원을 만들었고, 베티는 X모양을 만들며 손을 앞으로 교차하였다.

✦ [사진 3.8] 공동체의 밤에서의 댄스 공연

끝으로 무용교사 아비가일은 각각의 동작에 설명을 덧붙였다. 그녀는 청중들에게 댄스 활동 시간에 각각의 몸짓을 창작해 낸 과정을 설명하였다.

> 우리가 [적극적 시민의식]을 생각하기 힘들었을 때, 한 학생이 말했습니다. "글쎄요, 저는 적극적 시민을 어떻게 몸짓으로 나타낼지 모르겠어요." 그래서 저는 "좋아요. 그럼 적극적 시민의식에 대해 이야기해 보세요."라고 했어요. 그 다음 저는 정말로 조용하게 그 학생을 보았어요. 그러자 그 학생은 "글쎄요, 그건 있잖아요… 사람들을 데려와서 마음에 놓는 것 같아요." 하지만 그 학생은 말하는 동안 자신이 몸짓을 하고 있었다는 것을 알아차리지 못했어요. 그래서 저는 "아하, 진짜 몸짓이 나왔네요!"라고 소리쳤어요. 그렇게 해서 이러한 동작들을 만들게 된 것입니다. 학생들로부터 그냥 대화하고, 관찰하고 어떤 주제에 대해 이야기 할 때 자연스럽게 나오는 진정한 몸짓을 끌어내려 노력했습니다.

학생들의 율동이 나오게 된 이야기를 하고 나서 아비가일과 션은 각각의 학생들에게 다가가서는 그들의 몸짓을 다시 표현하도록 했다. 아비가일은 청중들에게 학생들의 설명과 함께 그들의 율동에 대한 의미를 해석해 주었다. 그들의 동작은 나눔을 위한 심장, 손을 흔들며 학교의 마스코트인 퓨마를 표현하면서 학교 공동체에 대한 자부심을 나타냈고, 반짝거림으로 협동을 축하하는 표현을 하였다. 이러한 표현들을 바탕으로 아비가일은 로코모션, 반복, 높이 변화 등 학생들의 동작에 사용한 주요 예술적 기능들을 설명하였다. 공연과 배움의 과정을 결합하면서 무용가와 학생들은 학생들에게 따라야 할 정해진 규칙을 부여하지 않음으로써 댄스를 공연하는 부담과 걱정을 줄였다. 더 나아가 배움의 진전을 보여준 것은 부모님들과 공동체 구성원들과 소통하는 데 큰 전환점이 되었다. ARtS팀은 교육적 성공이 표준화된 평가 점수에 의해 결론지어지는 시대에 과정과 노력의 가치를 재검토하였다. 학생들의 심미적 경험을 나누는 과정 동안 우리는 배움을 다른 관점, 즉 예술이 배움에 있어 중요한 가치를 갖는 무한정의 개방형 탐구로 정의하였다.

건강한 심장, 건강한 몸, ARtS의 정신

건강한 심장이 건강한 몸/정신의 중심인 것처럼, ARtS Initiative는 더욱 건강한 공동체를 만듦으로써 학생들의 예술 감상과 그들의 심미적 경험을 장려하는 가능성을 추구하였다. 심장은 다양한 생각과 관점들의 나눔과 지원을 통해 연민과 돌봄에 기초한 공동체로의 참여를 고려한다. ARtS 학생들은 시간과 공간을 가르는 다양한 메타포를 통해 그들의 이야기를 나누었다. 그렇게 함으로써 적극적 시민의식과 공동체의 개념은 기존의 사회과목 교육과정에 나타나있는 시민의무, 권리, 지배구조 등을 넘어서게 되었다. 이 현실은 시민교육을 윤택하게 할 잠재력을 가졌고 이는 학교 교사들과 교육 정책 수립자들이 고려할 사항이다. 어린이들의 작품에 나타난 공유된 생각이 깃든 예술적 창의성과 심미적 경험은 공동체의 가치를 표현하고 더 안전하고 공평한 사회를 상상하는 도구가 되었다. 이에 ARtS의 심장은 건강하고 공정한 공동체를 유지하는데 절실하게 필요한 산소를 순환시키는 가능성에 살아있다.

일러두기

제3장은 Moon, S., Nelson, J.M., Hwang, Y., & Danley, M. (2017). Heart is active citizenship: Reimagining civic education. *Creative Education, 8,* 1673–1681, https://doi.org/10.4236/ce.2017.810113 (Open Access journal article, Creative Commons CC-BY license)와 Moon, S. (2016). "Active citizenship is an awesome party!" Creating in-between spaces for the school-community-university partnership. *Teaching Artist Journal, 14*(3), 145–153이 적용되었다. 제나 넬슨(Jenna Mortenson Nelson)이 심장 메타포에 대한 글에 참여하였다.

CHAPTER 04

아우성은 적극적 시민의식이에요!

CHAPTER 04

아우성은 적극적 시민의식이에요!

적극적 시민의식, 연대와 사회 변화

적극적 시민의식은 아우성
작은 것 하나가 세계를 변하게 하지요
적극적 시민의식은 도브 카메룬을 떠올려요.
그녀는 약자 따돌림에 대항하고 "집단 괴롭힘 그만두기"라는 모임을 위해 일해요.
그들이 하는 일은 어떻게 우리가 집단 따돌림을 그만둘 수 있는지에 대해 고민하는 것입니다
…
적극적 시민의식은 공동체의 수호자입니다. (조이, 5학년, 시)

ARtS Initiative는 심미적 경험과 사회 변화에 관한 프로젝트이다. 이 장에서는 사회 정의를 위한 교육에 대한 생각과 문제점을 밝히면서 문화 기술적 자료와 연구자의 성찰 내용을 검토한다. 연구 책임자로서 나는 학생들의 사회 불공평과 변화를 위한 행동에 대한 인식의

향상을 목적으로 했다. 교실에서 학생들이 공정함에 대해 토론할 뿐만 아니라, 그들이 삶에서 공정함, 정의, 평등의 의미를 재검토하는 것이 나의 바람이었다. 이번 장은 비판적 문화기술 연구를 기반으로 하는데 특히 ARtS Initiative가 사회 정의, 구조적 사회 불평등, 시민의식의 역할의 큰 개념들에 접근한 방법에 대해 논의한다. ARtS팀은 지원받는 학습 환경에서 이러한 개념들에 대한 다수의 생각들을 창출하려는 노력으로 수업을 진행하였다. 우리는 연대에 관련된 질문들에 집중했고 혜택을 받지 못하는 공동체를 대변하는 행동을 촉구했다. 시, 춤, 점토 미술은 학생들의 사회 불평등, 문화적 반응성(cultural responsiveness), 행동을 취하여 위험을 감수하는 연대에 관한 생각들을 상상하고 표현하는 도구가 되었다.

프로젝트를 시작할 때, 나는 사회적 불평등의 추상적 개념을 어디서부터 소개하고 논의할지를 고민했다. 시간이 지남에 따라 ARtS팀과 나는 한 걸음이 변화의 시작이라는 것을 깨달았다. 위에서 조이가 시에 썼던 것처럼 "작은 것 하나가 세상을 변하게 한다." 이 장에서는 ARtS 학생들과 팀이 사회 변화를 위해 노력한 작은 몸짓들에 대해 이야기한다. 그 몸짓과 생각들은 적극적인 시민들로서 비판적 의식을 함양하고 행동을 취하는 틀이 되었다. 프로젝트 동안 학생들은 소외된 이들, 사회자본이 결여된 이들(the have nots)에게 무언가를 나누는 적극적 시민의식을 이해하는 듯하였다. 비판적 문화기술연구는 학생들에게 이미 익숙한 나눔, 기부, 선거권의 이슈를 넘어선 다른 분석의 틀을 제공한다. 이 장의 주된 주제는 사회적 불평등에서의 권력과 패권, 문화적 반응성, 사회 변화를 위한 연대에 관한 중요한 이야기들을 포함한다. 무엇보다도 ARtS팀은 자신을 소중히 여기고 다름을 존중하는 다양성의 중요함을 강조한다. 더 나아가 목표는 관용의 수준에 그치지 않고 우리가 사회에 장착된 힘의 구조의 가치를 어떻게 더 잘 설명할 수 있는가였다.

현장 스케치: 비판적 문화예술 연구 관점

파울로 프레이리(Paulo Freire)(1970/2006)의 의식화 운동(conscientization)은 교육자들에게 억압받는 자와 억압하는 자들이 진정한 해방에 이를 수 있도록 어떻게 모두의 비판적 의식을 높일 수 있을지를 촉구했다. 맥신 그린(Maxine Greene)은 '널리 깨어있음'의 개념에 프레이리의 비판적 의식을 적용했다고 했다(Moon, 2017). ARtS팀은 학생들의 사회적 불평등에 대한 의식을 고취시키는 방법들에 주목했다. 능력주의의 의미에 대해 다시 생각해 보는 것이 그들의 공동체 안에서 일어나는 어려운 문제들과 관련되었다. ARtS팀은 패권, 능력주의, 인종적 불평등과 같은 어려운 용어들을 쓰지 않았다. 하지만 프로젝트 동안 이러한 개념들을 작품들과 메타포들을 통해서 직간접적으로 소개하려고 노력하였다. 예를 들면, 우리는 다르다는 의미에 대해 토론하였다. 특별히 문화적으로 남들과 다르다는 것은 공동체 안에서 연대를 추진하고 그들의 일상생활에 만연한 유럽중심의, 가부장적 규범들에 질문을 던지기 위해 자신들의 삶을 결핍 모델이 아니라 풍부한 문화를 자산으로 간주하는 추가적 유형으로 다루어야 한다. 비판적 의식의 함양은 공평성과 사회 정의를 논의할 때 ARtS 학생들과 상호 작용하는 주요 요소가 되었다. 우리는 연대와 문화적 다양성을 인정하는 건실한 공동체 건설을 강조하였다. 비판적 이론을 바탕으로 ARtS팀은 공동체와 적극적 시민의식에 대해 풍부한 대화를 나눌 수 있었다. 이 장에 소개된 이야기들과 인용 부분들은 프로젝트가 진행되는 동안 ARtS 교육자들이 다름, 연대, 비판적 의식에 대한 교육적 생각을 이행한 방법들을 나타낸 것이다.

"다름"의 의미와 문화적 반응성

> 당신이 누군가를 지지할 때 그들은 어떤 면에서 각자 다를 수 있어요. … 당신은 그들의 생각들을 지지하고 존중하지요.
>
> (샤롯, 5학년)

초등학교 고학년의 ARtS 학생들은 집, 학교, 공동체, 그리고 사회에서의 공평한 대우가 무엇인지 공정성의 의미를 알고 있었다. 이론과 실습에서 공정성은 기회 균등의 개념과 직접적으로 연관되어 있다. ARtS Initiative는 의도적으로 기회 균등과 사회 정의의 문제에 집중하였다. 프로젝트 동안 ARtS 학생들은 공정성과 사회 정의에 대한 그들의 이해를 여러 가지 방법으로 표현하였다. 예를 들면, 캐리는 "모든 사람들이 나아갈 기회가 있고, 누구도 [항상] 일등으로 가지 않고, 누구도 [항상] 마지막으로 가지 않는다"라고 이야기하면서 그녀의 이해를 나타내었다. 다시 말하면 특정한 사회문화적, 경제적 배경에 따라 그 어느 누구에게도 특혜가 허락되지 않는 것이다. ARtS팀은 다양한 인종적/민족적, 문화적 배경의 어린이들과 함께 다양성과 공정성에 관한 깊은 대화를 지속할 수 있어서 감사했다. 프로젝트가 진행되는 동안 연구팀은 문화적 다양성을 축하할 뿐만 아니라 정치적 용어로서의 문화적 "동질성과 차이"에 대하여 가르치기를 시도하였다. 사회적 규범의 집합체는 무엇이 문화적으로 동일하고 다른지 범주화하는 것을 결정한다. 미국적 맥락의 문화적 동질성은 유럽중심의, 가부장적의, 중산층의, 기독교적 가치들에 의해 분류되어진다. 문화적으로 다르다는 것은 결핍의 유형이나 부정적 함축 의미로 여겨진다. ARtS Initiative의 목표는 아이들의 문화적 자산을 소중히 하고 그것들을 실제 학습과정에 적용하는 것이었다. 이어지는 대화에서 케이티와 앨리스는 다름을 문화적 자산으로 생각하고 있었다.

션 교수: 여러분들의 이야기를 듣기 전에 질문이 하나 있어요. "그녀는 나와 다르다"와 "그녀는 틀리다"의 차이가 어떻게 다른가요?

매들린 선생님: 다르다는 것이 우리를 틀리게 만드나요?

어린이들: [함께] 아니요…

매들린 선생님: 왜 그렇게 생각하나요?

케이티: 왜냐하면 우리가 모두 인간이면 다르거나 같은 것은 중요하지 않기 때문이에요. 같은 인종일 필요가 없어요. 우리 모두는 다른 인종들과 어울릴 수 있어요. 저희 아버지께서는 항상 "네 주변 사람들과 잘 어울려라"라고 말씀하세요. 그래서 저는 앨리스와 어울릴 수 있어요.

앨리스: 정말로, 다르다는 것은 틀린 것이 아니에요. 왜냐하면 당신이 다르다는 것은 그냥 내면의 색들을 보여 주고 있는 것이에요. 있는 그대로 다른 것처럼요… 그것은 착한 시민과 보통 시민의 차이 같은 것이에요… 그들이 실제로 누구인지 보여주려고 하는 것이고 그냥 해야 되는 것처럼 그들의 공동체를 돕고 정비하는 것 같은 것이에요.

문화적 차이와 규범에 관한 위의 대화는 프로젝트를 고안하는데 유익했다. 유럽중심의 교육과정은 암묵적으로나 직접적으로 학생들에게 다른 문화적 배경은 비정상인 것으로 가르친다. 문헌들은 지식의 자본을 교육과정과 가르치는데 포함하는 것이 중요하다고 강조한다(Gonzalez, Moll, & Amanti, 2005). ARtS팀은 학생들의 지식의 자본을 반영하여 그들의 문화적 가치들을 포용하고 문화적 자산에 반응하려는 노력으로 학습 활동들을 계획하였다. 교사연수 시간에 연구팀은 시 짓기와 작품의 주제를 정하는 데 히스패닉 문화를 엮어 보는 방법에 대해 토론하였다. 예술가와 교사들은 또래의 압력을 최소화한 소그룹 활동이 학생들이 적극적으로 참여하는데 도움이 될 것이라고 판단하였고, 점토로 만든 엠파나다(역자주: 만두모양의 파이) 모양의 악기를 만들기로 결정하였다. 예술가 교사들과 교사들의 협력으로 우리는 학생들이 그들의 활동을 실제의 산 경험에 조합하는 것을 볼 수 있었다. 점토 예술 시간에 몇몇의 학생들이 점토와 토르티아 반죽의 경험을 이야기하였다.

> 션 교수: 점토의 느낌이 어때요?
>
> 안젤리카: 물렁물렁해요.
>
> 티나 선생님(점토 예술가): 처음에 점토는 정말 딱딱하고 네모졌었어요. 하지만 지금은 동그랗고 부드러워졌네요.
>
> 에리카: 마치 토르티아 반죽 같아요!
>
> 티나 선생님: 맞아요, 하지만 토르티아 반죽보다는 더 단단하지 않아요?
>
> 에리카: 우리 할머니께서는 멕시코에서 토르티아를 만드시는데 정말 맛있어요.

"토르티아 반죽 같아요!" 한 학생이 점토 시간에 자신의 즐거움을 표현하였다. 도예가 티나는 어린이들이 학교와 집에 보관할 수 있는 엠파나다 만들기를 진행하였다([사진 4.1] 참조). 다양성과 적극적 시민의식에서의 다양성의 역할을 가르치는데 연구팀은 개념들을 작품들로 시각화하는 점에서 어려움을 느꼈다. 프로젝트 진행자로서 나는 다름과 공동체 안에서 올바르게 인정받는 개념에 관하여 학생들과 연결을 시도하였다. 공동체 안에서의 적극적 시민의식의 개념을 설명하는데 ARtS Initiative는 학생들이 학교에 가지고 오는 지식의 지역적 자산의 가치를 강조한다. 점토 예술에서 작품을 만드는데 엠파나다와 같은 작은 소재는 "집에서 보통 우리 엄마와 함께 하는 것이에요!"와 같은 새로운 대화를 열어 준다.

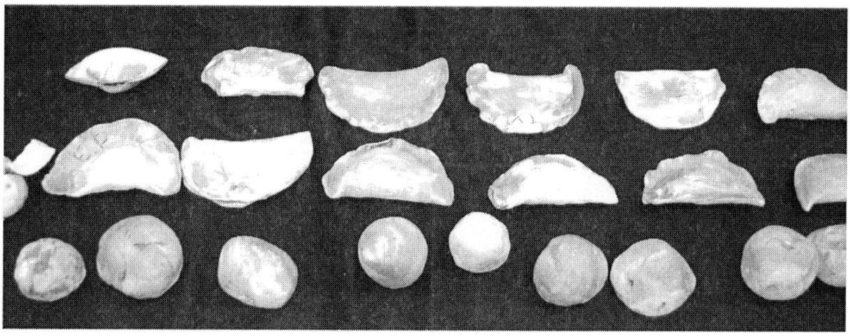

✦ [사진 4.1] 엠파나다와 소리 공들의 점토 예술

다양한 문화적 배경들을 강조함으로써 ARtS팀은 학생들에게 문화적 차이에 대해 생각해보고 문화적 다양성을 적극적 시민의식과 공동체의 중요한 개념과 연결하도록 하였다. 점토 시간에 접시를 장식하는 중에 앨리스는 변화를 위한 다름과 일상 행동의 가치를 강조하였다([사진 4.2] 참조).

션 교수: 앨리스, 분홍색과 초록색으로 대조하려는 게 보이는구나. 분홍색과 하늘색의 대조는 어때요?

앨리스: 모든 것은 다르고 변한다는 것을 보여주려는 것뿐이에요.

션 교수: 지금까지 우리는 공동체와 적극적 시민의식에 대해 이야기했었는데 어떤 부분을 강조하고 싶어요?

앨리스: 사람들은 행동하는 방식을 바꿀 수 있어요. 나쁜 일들을 했으면 좋은 일을 하는 것으로 바꿀 수 있어요. 매일 해가 뜨고 지고 계절은 항상 변해요. 사람들도 마찬가지에요.

션 교수: 앨리스가 쓴 시 중에 "매일 침대보를 바꾸는 것과 같아요"와 "적극적 시민의식은 약 같아요"라는 글귀가 기억이 나는데 이 말들은 이 장식과 어떻게 연결될 수 있을까요?

앨리스: 그것은 공동체에 비타민을 주는 나무의 잎들과 같아요. 매일 침대보를 바꾸는 것처럼 간호사는 매일 공동체를 도우려 해요.

✦ [사진 4.2] 적극적 시민의식, 행동, 그리고 변화

슬리터(Sleeter)(1996)는 유럽중심의, 가부장적인 교육과정에 근간해 실행되는 심각한 근거 없는 믿음에 대해 설명하였다. 이러한 형태의 교육과정은 미국이 기회의 땅이라는 거대 서사시와 다음과 같은 사고방식을 재생산한다. 문명은 유럽에서 시작되었고 그 서쪽으로 향했다. 과학과 수학의 발전이 사회 문제들을 풀고 미국이 다른 나라

의 문제들을 해결한다. ARtS팀은 학생들의 문화적 가치를 존중하고 그들의 문화적 배경들을 인정할 안전한 학습 환경을 제공함으로써 이러한 유럽중심의, 가부장적 교육과정이 잘못되었다는 것을 폭로하였다.

프로젝트가 끝나갈 무렵에 나는 문화적 다양성과 사회 변화의 문제들과 관련한 ARtS Initiative의 가치에 대해 예술가와 교사들을 인터뷰하였다. 이 중요한 주제에 대한 매들린의 답변과 그녀의 답변이 비판적 문화기술 접근법에 어떻게 연관되었는지 소개하겠다.

> 저는 시, 점토 예술, 페인팅의 활용이 아이들의 상상을 학구적으로 또 사회적으로 확장하게 할 수 있는 놀라운 기회라고 생각합니다. 왜냐하면 그것은 세상의 다른 면이나 다른 양태의 공동체에 대해 생각할 공간을 주기 때문이에요. 저는 아이들이 그러한 시간을 갖지 못하고 있고 아무도 요구하지 않는다고 생각합니다. 아이들은 그들이 외워야 하는 것에 의문을 품지 않아요. 시험에 통과하기 위해 암기해야 돼요. 아이들에게, 특히 오클라호마에서는 고정관념에서 벗어나거나 문화적 반응성의 교육에 대해 생각해 보는 것을 요구하지 않아요. 문화적 반응성의 교육은 오클라호마에서는 장려되지 않아요. … 시와 다른 예술의 이러한 역할은 아이들이 자신들을 표현하고, 스페인어와 나의 집 문화를 학교에 가지고 오면 어떨까에 대해 생각해 보는데 아주 좋은 방법이에요. 성공적인 학교란 부모들과의 잦은 교류와 문화적으로 반응하는 가족들의 참여 활동이 활발한 학교라고 생각합니다.
>
> (매들린, 개인 인터뷰, 2013년 3월)

매들린이 밝혔듯이 학교에서의 문화적 다양성의 인식은 꼭 필요하다. 타인의 집단적 경험의 정치적 활용은 문화적 인식과 정책적 포용을 위해 중요하다. ARtS Initiative가 실천한 문화적 반응성 교육은 작지만 유럽중심의, 가부장적 교육과정과 맞서 싸웠던 중요한 부분이었다.

개인 공간을 통해서 타인을 생각하기: 사적-공적 연결들

ARtS Initiative는 예술 활동들을 개인의 산 경험과 연결하고 공동체의 더 큰 관점으로 확대한다. 학생들의 예술작품으로의 적극적 참여는 예술을 즐기는 사적 공간에 한정되지 않는다. ARtS팀은 학생들의 개인적 경험을 어떻게 더 큰 사회정치적 맥락에 연결할 수 있을지에 큰 관심이 있었다. 연구팀은 상실과 슬픔의 사적 공간을 국가주도의 전쟁들, 폭력, 안전의 공적 담론과 조합하는 노력을 하였다.

학생들이 점토로 핀치팟 컵들을 만든 후에, ARtS팀은 그들의 우정과 공동체, 적극적 시민의식을 표현하는데 특정한 색상을 칠하거나 모양을 만든 이유를 설명해 달라고 요청했다. 우리는 학생들에게 유약을 고를 때 아무 것이나 고르지 말고 의도적으로 선택하라고 요구했다. 연구팀은 학생들이 색상을 고르고 그 색상을 공동체의 의미와 연결시켜 생각해 볼 시간을 충분히 주었다. 학생들이 의도적으로 고른 색상에 대해 여러 가지 생각들을 나누는 동안, 연구팀은 상실과 인식의 감정이 연관된 학생들의 개인적 삶의 이야기들과 공적 이야기들을 연결할 가르침의 순간들을 발견하였다.

학생들은 두 번째와 다섯 번째 점토 아트 시간에 컵에 유약을 바르고 있었고([사진 4.3] 참조), 션 교수와 비아트리체 선생님은 학생들에게 어떤 색이 그들의 공동체에 대한 이해를 표현하고 있는지 생각해 보라고 했다. 5학년인 셀리아는 컵에 유약을 바르는 동안 그녀의 기분이 달라졌다고 이야기하였다. 션 교수는 어떻게 그녀의 기분이 달라졌냐고 물어 보았다. 셀리아는 "빨강은 화가 난 색상처럼 보이지만 저에게는 조금 행복하게 느껴져요"라고 답하였다.

✦ [사진 4.3] 적극적 시민의식과 컵에 유약 바르기

셀리아가 답한 후에 같은 5학년인 웨스도 대화에 동참하였다. 그는 "저는 진한 청색으로 색칠했어요. 왜냐하면 우리 강아지를 수의사에게 데려가야 했기 때문이에요… 우리 강아지는 밖에 있었거든요…" 진행자로서 션 교수는 웨스와 그의 강아지에 대해 공감을 나눴고 다른 아이들에게로 자리를 옮겼다. 다른 학생들이 그들의 이야기들을 나누고 있는 동안 션 교수는 웨스가 흐느껴 울고 있는 것을 발견했다. 이러한 배움의 공동체에서 안전하고, 지지하는 환경을 조성하는 것은 중요했고, 션 교수는 공동체의 감정적 지원을 위해 웨스에게 집중하였다.

션 교수: 웨스가 강아지가 생각나서 슬픈 것 같아요. 강아지 이름이 뭐죠?
웨스: [흐느끼며] 챨리요…
션 교수: 자, 그럼 우리가 공동체로서 웨스를 어떻게 위로해 줄까요?

베아트리체 선생님: 여러분들 중 애완동물을 잃어본 적이 있나요? 여러 분들의 애완동물을 위해서 울어 본 적 있으면 손을 들어 볼까요?

여섯 명의 학생들이 손을 들었다. 베아트리체 선생님은 자신의 애완동물에 대한 이야기들을 들려주었고 다른 학생들도 자신들의 애완동물에 대한 추억을 나누었다. 션 교수는 웨스와 다른 학생들의 상실감의 슬펐던 추억에 공감을 표현하였다. 그는 또한 이 상실과 슬픔의 순간들을 전쟁과 전쟁으로 인한 희생자의 사회적 이슈와 연결하였다. 그의 개입으로 모두가 공동체 안에서의 폭력과 예방을 위한 방법들에 대해 토론에 참여하는 진지한 대화의 시간을 가졌다. 다음은 폭력으로 삼촌을 잃은 케이티의 생생한 이야기이다.

케이티: 제 삼촌의 집에서 총격전이 있었어요. 제 여동생, 사촌, 두 분의 숙모가 집 안에 같이 있었어요. 삼촌이 차에서 내려 급히 집 안으로 뛰어 들어오는 중 등에 총알 여러 발을 맞고 폐에도 총알이 박혔어요.

션 교수: 삼촌에 대해서는 정말 유감이에요. 그럼 우리는 이러한 폭력에 어떻게 대항할 수 있을까요? 우리는 위험한 환경으로부터 우리의 애완동물을 보호해야 해요. 어떻게 하면 안전하고 비폭력적인 환경을 만들 수 있을까요?

베아트리체 선생님: 션 선생님께서는 방금 전에 케이티가 말한 것처럼 공동체 안에서의 폭력에 대해 이야기하고 계시는데, 선생님은 우리가 어떻게 공동체 안에서 일해 왔고 또 어떻게 다른 사람의 다른 점을 인정하기에 대해 이야기 해왔는지 생각하게 되네요…

이러한 교실 안에서의 대화는 시기적절하고 중요했다. 학생들은 자신들이 직접 경험했던 폭력과 총기안전사고 문제에 대해 언급하였다. ARtS팀은 학생들의 상실에 대한 개인적 경험을 전쟁과 폭력에 대한 슬픔과 인식의 공적 담론과 어떻게 연결할지에 대해 고민했다. 사랑하는 반려견을 잃은 슬픔으로 주인은 애도한다. 그들은 때때로 전쟁이나 다른 정치적 이유의 다른 사람들의 죽음에 무감각할 수도 있다. 적극적 시민으로서의 공동체 안에서 책임을 논하면서 타인의 고통에 공감하는 것은 ARtS Initiative의 중요한 주제가 되었다. 사랑하는 반려견의 상실에 대한 경험을 나눴던 것은 개인의 문제를 공공의 문제로 연결하는 좋은 가르침의 순간이었다.

연대와 사회적 실천력

다문화 교육은 사회적 행동이다(Sleeter, 1996). 다문화 교육은 사회적 행동의 일환으로 공동체 안에서 어떻게 소속감을 생성하고 "하나됨" 같은 결속력을 수립하는지에 대한 질문들을 제시한다. 학생들은 빈곤 재생산의 권력의 구조를 배울 필요가 있다. 나는 연대에 대한 새로운 이해를 제공할 필요가 있었고 연구팀은 어떻게 가르쳐야 할지 교육적 고민을 하고 있었다. ARtS Initiative에서의 심미적 경험은 타인을 돕는 것을 넘어선 적극적 시민의식을 논하는 방법들을 포함하고 있었다. 학생들은 사회적 이슈들, 특별히 사회적 불평등 문제에 집중하고, 이것은 사회 변화를 위한 연대의 중요성을 강조한다.

ARtS Initiative팀은 학생들에게 예술을 이용하여 어떻게 다양성, 차이, 권력의 작용에 대하여 가르칠 것인가를 고민했다. 여러 수업에서 연구팀은 사회적 실천력과 사회 변화를 위한 연대의 중요성을 소중하게 다루었다. 우리가 불공평한 이슈들을 겪을 때마다 이것은 목소리를 들리게 하는 공동체의 일이 되어야 한다. 희망 초등학교의 시 짓기 수업에서 베아트리체 선생님과 조안나 선생님은 강력한 공동체의 비유적 표현으로 삼베 천을 사용하였다. 삼베 천의 실이 따로 떨

어져 있을 때에는 찢어지기 쉽지만, 모여 있을 때에는 튼튼해지고 잘 찢어지지 않는다. 이러한 메타포의 연습 후에 학생들은 그들의 시각적 예술을 시민의 정의와 연결하였다. 토론 중에 조안나 선생님은 학생들에게 적극적 시민의식은 언뜻 나서기 쉽지 않은 위험을 감수하는 것이라고 제안하였다. 우리는 우리의 권리와 우리 공동체의 권리를 옹호해야 한다고 하였다. 하지만 이것은 쉽지 않은 일이다. 그녀는 다음과 같이 말했다.

> 여러분들이 적극적 시민일 때 때때로 무엇인가를 지지하거나 주류가 아닌 소외된 이들도 도와줄 수 있어요. … 적극적 시민이 되는 것에 좋은 점들이 있나요? 그럴 때에는 조금 두렵거나 어려워 보이는 것들이 있을 수 있어요.

ARtS 학생들은 공동체 안에서 "우리가 어떤 행동을 취해야 되는가"에 대한 생각들을 교환하였다. 학생들은 공동체 내 추가 경찰을 요청하고, 학교 내 존재하는 인종/민족적 갈등과 집단 따돌림 문제들을 인식하자는 사려 깊은 의견들을 내놓았다. 사회적 행동은 선택하는 것이고 위험을 감수하는 것이다. 로버트 프로스트의 시 "가지 않은 길"에 대해 이야기하면서 ARtS 학생들은 사회적 불평등과 변화를 위한 행동에 대한 대화를 확장하였다.

> 조이: 올해 사이버 집단 따돌림과 같은 상황이 우리 반에서 벌어졌었어요. 그것은 페이스북 안에서 사이버 집단따돌림 같은 것이었어요. 앤토니[가명]는 인종주의에 근거한 집단 따돌림을 하고 있었어요. … 그는 우리에 대해 이렇게 말하려고 했어요. … "너희들은 이 학교에 더 이상 다닐 수 없어. 여기는 오직 백인과 흑인을 위

한 곳이라구" … 우리(히스패닉)는 "우리도 자유가 있어. 너희가 역사책을 읽어봤다면 히스패닉들도 자유가 있다는 것을 알거야. 그리고 백인과 흑인들도 같은 자유가 있는 거야"라고 말하고 싶었어요…

션 교수: 모두가 동등한 권리가 있어요. 어떤 피부색을 가졌느냐에 관계없이 말이죠.

케이티: 저는 사람들이 백인 또는 흑인이라는 이유로 평가 받는 것을 참을 수가 없어요. 백인이냐 흑인이냐는 정말 중요한 게 아니거든요. 스마트폰이 없거나, 부모님들이 돈이 많지 않거나, 또는 페이스북 계정이 없다는 이유 등으로 애들을 판단할 때가 종종 있어요. 저는 개인적으로 아이들이 페이스북이나 트위터 계정을 가져야 한다고 생각하지 않거든요. 인터넷에는 위험한 것들이 많이 있잖아요.

션 교수: 프로스트는 그의 시에 "나는 사람들이 많이 다니지 않은 길을 택했고 그것이 이 모든 차이를 만들어냈다"라고 썼어요. 적극적 시민의식을 가진 구성원이 아닌 리더로서 공동체 안에서 좋지 않은 일이 많이 벌어지면 우리가 무엇을 할 수 있을까요?

델레인: 저는 사람들이 사이버 집단 따돌림을 당할 때를 생각해 보았어요. 어떤 사람들은 따돌림 당하는 누군가를 떠나게 하고 싶지 않은 불편한 마음 때문에 그냥 듣지 않아요…

매들린 선생님: 이러한 집단 따돌림이 발생하면 적극적 시민들로서 우리가 무엇을 할 수 있을까요?

션 교수: 우리에게는 생각해 볼 다양한 방법들이 있어요. 이러한 딜레마 속에서 우리가 결정해야 하는 선택들이 있지요.

앨리스: 집단 따돌림이 생겼을 때는요. 우리 반 아이들의 행동하는 방식을 바꾸어 놓아요… 우리의 공동체를 위해 청소를 하는 등의 선택을 한다면 더 나은 공동체를 만들 수 있어요.

에블린: 우리 학교의 킴 선생님이 집단 따돌림 현상을 게임에서 보여주신 것처럼요… 모두가 따돌림을 당할 수 있잖아요. 그럼 우리는 다

시는 그런 일이 벌어지지 않게 노력해야 해요… 누군가를 따돌리면 그 사람은 상처를 입게 되는데 우리가 그 사람에게 미안해서 고치려고 노력해도 따돌림 현상은 항상 있게 마련이에요.

델레인: 따돌림을 받는다면 저 같은 경우에는 선생님이나 부모님에게 이야기하겠어요.

션 교수: 많은 경우에 여러분들이 따돌림 받는 친구를 돕는다면 여러분들도 같이 따돌림을 당할 경우도 있지요. 그렇다면 그것이 "어떻게 하지? 친구를 도울까 아니면 다른 사람들처럼 관심을 두지 말까?"의 딜레마 상황이 될 수 있어요. 학교 생활하는 데 큰 어려움이 될 수도 있어요.

케이티: 전에 어떤 친구가 집단 따돌림에 대한 연설을 했었는데 몇몇의 우리 반 남자 아이들은 완전히 그것을 잊은 것처럼 보였어요. 점심을 먹고 교실에 돌아왔는데 데이비드는 이렇게 말했어요. "첫 번째로 교실에 도착하는 친구가 말하기를, 마지막으로 앉는 사람은 동성연애자이다" … 우리 반 많은 애들… 데이비드를 따르는 아이들이 네 명 정도 있는데 그 애가 하는 일을 다 따라해요. 이것이 또 다른 집단 따돌림이 될 수 있거든요. 저는 "그들이 너와 비슷하다고 해서 따라 할 필요는 없어"라고 말하려 노력하고 있어요.

매들린 선생님: 질문이 있어요. 이러한 상황에서 무엇이 우리를 적극적 시민으로 만들까요? 그 아이를 따르지 않고 그냥 무시하는 것을 선택할 수 있다고 했어요. 맞지요? 하지만, 이것이 실제로 좋은 시민이 되기 위한 적극적인 방법일까요? 그냥 무시하는 것이 적극적으로 그 아이를 말리려 노력하고 있는 것인가요?

학생들: 아니요… 아니요…

매들린 선생님: 선생님은 여러분들에게 올바른 행동 방식을 지시하고 있는 것이 아니에요. 선생님은 그냥 여러분들이 어떻게 생각하는지 궁금해서 그래요. 우리는 지금 "적극적(active)"의 의미를 생각하고 있어요. 그 뜻은 "하는 것"이고 "행동"이에요. 그 말은 여러분

들이 실제로 물리적으로 무언가를 하는 것이죠. 여러분들은 어떻게 생각하세요? 예를 들어, 아까와 같은 상황에서 그러한 방법은 적극적 시민이 되기 위한 방법일까요?

앨리스: 저는 일어나서 모두가 앉기를 기다려야 한다고 생각해요. 그러고 나서는 큰 소리로 말해요 "정말이지 나는 상관하지 않아. 왜냐하면 실제로 아무 일도 일어나지 않기 때문이고 나는 내가 누구인지 잘 알기 때문이지… 너희들은 내가 조금 다르다고 생각할 수 있어… 그건 단지 너희들의 생각인 거지. 나는 많은 다른 친구들이 있어"

케이티: 때때로 저는 이렇게 말하고 싶었어요. "너희들 이거 알고 있니? 너희들은 너희 자신을 곤경에 빠뜨릴 수 있어. 난 신경 쓰지 않아. 너희들 누구든 너희들이 이야기하고 싶은 사람들에 대해 이야기 할 수 있어" 하지만 선생님께서 이야기한 후로 저는 무언가를 배웠어요… 저희 반에 안토니는 저하고 같은 인종인데 더 어두운 그의 피부색깔 때문에 놀림을 자주 받아요. 같은 히스패닉 친구한테 놀림을 받을 때면 저는 무언가 말하고 싶어요. 그 애가 다른 아이들에 대해 말하고 다닌다면 저에 대해서도 말하고 다닐 것이니까요. 그러면 저도 무언가를 이야기 해줄 거예요. 솔직히 저는 대꾸하는데 아무 문제가 없어요. 하지만 그 아이보다 저는 더 많이 힘들어 질거예요.

시 짓기 활동이 계속되는 동안 ARtS 학생들은 학교 공동체 안에서의 그들의 인종이나 민족적 배경에 관련한 사이버 집단 따돌림과 다른 종류의 따돌림 문제를 다룬 그들의 경험을 나누었다. 집단 따돌림의 문제를 언급한 것은 학생들의 학교와 공동체 안에서의 경험을 이해하기에 중요하였다. 시인 선생님은 이 문제를 적극적 시민의식과 안전한 환경을 만들기 위한 우리의 행동 계획에 대한 토론과 연결하였다. 공동체를 위한 행동 취하기에 대한 생각은 모호하거나 이상적일 수도 있다. 사이버 집단 따돌림 같은 공동체 안에서의 실제의 위급한 문제에 대한 깊은 대화를 나눔으로써 ARtS 학생들은 인종적으로나 민족적으로 다양한 공동체에서 따돌림 현상을 막기 위한 그들의 역할을 탐구하였다. 조이의 사이버 집단 따돌림에 대한 고민과 ARtS팀의 안전 문제에 대한 설명은 모두에게 행동을 취하는 것에 대한 중요성을 상기시켰다. 제2장에서 언급하였듯이 비판적 문화기술연구는 특별히 억압받는 자들의 일상생활에서 작동하는 구조적 불평등을 강조한다. 권력, 패권, 구조적 불공정의 개념들은 사회 규범 집합체와 학생들의 일상생활에서 그것들의 작동을 비판적으로 검토하는 방법에 대한 담론들을 분석하는 기초가 되었다. ARtS Initiative를 통해 다양성과 사회 정의를 가르치면서 연구팀은 사회 변화를 위한 다른 공동체와 책임을 상상하는 데 예술의 가치를 확인하였다. 우리는 억눌려 있는 목소리들을 들리게 하고 특정 집단의 사람들을 타인으로 단정 짓는 사회적 규범들에 도전하기 위해 개인의 노력을 포함한 집단적 노력을 강조하였다. ARtS 연구팀은 인종, 성, 계급이 차별화된 불공평한 사회에서 변화를 위해 취할 올바른 행동에 대한 인식을 어떻게 끌어 올릴 것인가에 대하여 고민하였다. 연대는 유럽 중심적이고 가부장적인 사회에서 침묵하고 있는 목소리들을 들리게 하는 또 다른 중요한 요소이다. [사진 4.4]는 연대와 협력으로서의 적극적 시민의식을 나타내고 있는 소그룹의 율동 중 한 장면을 보여준다.

✦ [사진 4.4] 공동체 안의 연대

이 장에서는 평등한 기회를 포함한 차이, 다양성, 사회 형평성을 논의하는 수업 중에 관련된 이야기들과 학생들과 실제로 나누었던 대화들을 다루었다. 다음 장에서는 ARtS Initiative와 사회적 행동을 통한 사회 변화에 대한 같은 고민들을 언급하고 사회 변화를 위한 다른 접근법을 제시하는 후기구조주의 이론들을 소개한다. 후기구조주의 이론들은 연대와 사회적 실천력에 대한 중요하고 획기적인 질문들을 제기한다. *여성, 유색인종* 등의 기표들은 그 자체를 완전히 설명하고 있지 않다. 어떻게 하면 도시의 맥락에서 사회 정의에 대한 규범화된 접근을 피할 수 있을까? 버틀러(Butler)(1999)가 강조했듯이, 기표의 다중성과 불연속성은 항상 통일된 표시의 개념에 저항한다. 이러한 질문들과 함께 ARtS Initiative와 학생들의 배움을 분석하기 위해 *'공동체 없는 공동체'*라는 개념을 소개한다.

CHAPTER 05

공동체 없는 ARtS 공동체

CHAPTER 05

공동체 없는 ARtS 공동체

예술을 통한 문화 체험의 방법

사회 변화를 목적으로 하는 비판 이론은 민족적/인종적, 계급, 성 정체성들에 대한 핵심을 발견하려는 경향이 있다. 만약 경험이 인종적/민족적 정체성의 "본질"을 찾는 것으로 제한된다면, 질적 연구자들은 자신과 타자에 대한 정형화되고 규범적인 이해를 바탕으로 그러한 경험을 지속적으로 보편화하는 위험성을 내재하게 된다. 이번 장에서는 권력-지식의 관계(Foucault, 1980)와 담론적 주체의 형성(Butler, 1999; Todd, 2009)을 분석함으로써 후기구조주의가 경험에 대한 습관적 이해를 재고하는 과정에서 중요한 틀이라는 점을 강조한다.

관습적으로 질적 연구는 이미 존재하는 문화적 동질성과 차이의 전제하에 각각의 문화적 그룹의 "무엇"이 다른지에 대한 질문에 집중한다. 정체성 정치(identity politics)는 사회 변화를 위해 소외된 그룹 구성원 사이의 연대를 강조한다. 이 결속력은 이른바 공유된 경험과 집단적 기억에 기초한다. 문화적 인식의 방향은 정적인 양식의 경험을 "발견"하는 것으로 한정되고, 경험과 관련된 질문들은 이미 어떤 차이가 존재하는지 밝혀낸다. 물론 이러한 접근법을 통해 미국 사회에 만연한 사회적 불평등을 극복하는 중요성을 간과하는 것이 아니다. 다만 질적 연구의 다른 인식론과 존재론을 통해 사회적 정의의 다양한 접근 방법을 설명하고자 한다. 후기구조주의 이론들에 영향을 받은 질적 연구는 연구자의 경험에 대한 관심을 "무엇"(what)에 대한 질문으로부터 "어떻게"(how)에 대한 질문으로 전환한다. 다시 말하면, 후기구조주의적 관점의 교육과정 탐구는 경험이 어떻게 담론적으로 구성되는지, 또 동질성과 이질성의 개념이 어떻게 경제적으로, 역사적으로, 사회 정치적으로 만들어지는지를 연구한다. 경험에 대한 이러한 접근은 문화적 정체성에 대한 만연한 연구들을 다시 생각해보는 기회를 제공한다. 이러한 방법으로 질적 연구자들은 기존하는 그들의 전통적으로 고정되고 집단적인 경험에 대한 인식론과 존재론에 문제를 제기할 수 있는 것이다. 후기구조주의적 이론들은 탐구의 방향을 다각화하여 경험의 의미를 다양화하고 이러한 연구는 어떠한 사회적 규범들이 주체성과 경험들을 만들었는가에 대해 중요하게 탐색한다(Butler, 1999).

후기구조주의적 이론들은 학교와 공동체들 안에서 담론적 주체성 형성과 권력-지식 가동의 영향을 받은 ARtS Initiative를 분석하는 가능한 많은 방법들을 제공한다. 이 장에서는 후기구조주의적 이론들이 적극적 시민의식과 "건강한" 공동체의 의미들을 표현하기 위해 어떻게 나를 안내하였는지 보여줄 목적으로 *공동체 없는 공동체*라는 개념을 사용한다. 존재론적으로, 또 방법론적으로, 건강한 공동체와 관련된 활동들을 생각하는데 당연하게 여기는 것들을 재고하기 위해 공동체 없는 공동체라는 철학적 개념을 제시한다. 주로 공동체와 공동체 안의 적극적 시민의식의 여러 측면을 탐구하기 위해 공동체, 연대, 집단적 정체성의 개념들에 의문을 제기한다.

나는 문화 기술적 자료에서 가져온 ARtS 학생들의 공동체에 대한 재고를 설명한다. 이러한 배움과 실험의 공간에서 당연함이란 없다. 학생들은 공동체와 공동체 안에서의 그들의 역할을 생각하는 습관적인 방법들을 재검토하고 다시 생각해 본다. 연대의 공동체를 인정하기보다는, 공동체 없는 공동체는 집단적 "하나됨"으로 문화 정체성을 한정하고 주체성 형성에 특정한 사회문화적, 정치적, 경제적 맥락을 검토하는데 제한된 공간을 부여하는 현재의 다문화주의의 관행에 문제를 제기한다. "소외된", "위험군(at-risk)", "과소평가된(underrepresented)" 등의 표현들은 유색인종자들, 여성들, 그리고 경제적으로 소외된 이들을 향한 역사적으로 반복하는 사회적 억압에 항거하기 위한 정치적이고 전략적인 용어들이다. 하지만 공동체 없는 공동체로서의 ARtS Initiative라는 개념은 다문화 교육의 주요한 담론들을 확장하도록 요청한다. 이는 자신과 타자와의 관계를 구성하는 권력의 작동을 살피며 공동체의 전형적인 이미지들의 재생산에 도전한다. 따라서 공동체 없는 공동체는 다문화 교육자들이 문화적 차이와 단단한 하나됨의 본질을 강조하는 것을 넘어선 정체성의 복잡성을 탐구하게 한다 (Butler, 1999; Lloyd, 2005).

이는 다문화 교육자들이 인종적, 민족적 정체성과 인종주의를 단순히 이분화된 억압하는 자/억압받는 자, 남성/여성, 우리/그들의 관계에 기초한 사회적 불평등의 시각으로 보기보다는 좀 더 폭넓게 다른 방법으로 생각하게 이끈다. ARtS Initiative가 자신과 타자에 대한 다양한 구성을 통해 시사하듯, 나는 사회 변화를 위해 학생들의 상상의 나래를 펴는 다양한 인식론들을 만들어내고 유지하는 것을 주장하는 바이다(Greene, 1995). 무엇보다도 공동체 없는 공동체의 개념은 위기에 처한 아이들이나 소외된 공동체들을 위한 규범화된 관행을 최소화함으로써 존재하는 공동체들과 교육의 정의를 구현하기 위한 비전을 재개념화하는 가능성을 고려한다.

이론들과 생각하기와 생각과 함께하는 이론들

잭슨(Jackson)과 마쩨이(Mazzei)(2012)의 "방법론적과 철학적으로 함께 언어와 생각하는 법 창조하기"가 이번 장을 기술하는 과정에서 영향을 주었다. 그들의 책 『질적 연구에서 이론과 함께 생각하기: 다수의 관점으로 자료를 보기』에서 잭슨과 마쩨이는 질적 연구를 실행하는 과정에서 다양한 철학적 개념을 어떻게 접목할지 소개하였다. 그들은 *신뢰*할 수 있고 *유효*한 방법들은 자료를 기호화하고, 드러나는 주제들을 분류하고, 삼각검증을 통해 자료들을 유효화해서 떠오른 주제들을 표현할 "최고의" 문구들을 찾는 것을 포함해야 한다는 전통적인 질적 연구 해석주의의 기법에 문제를 제기한다. 이러한 질적 연구로의 도구적 접근에 도전하기 위해, 저자들은 자료 분석과 표현을 재고하는 수단으로 후기구조주의 이론가들의 다른 관점들을 제시하였다. 이론가들의 철학적 개념들은 질적 자료들을 검토하고, 재고하고, 또한 그것을 표현하는 틀이 되었다. 잭슨과 마쩨이는 학술계의 첫 세대 여성들로부터 수집한 인터뷰 자료를 분석하기 위해 6명의 후기구조주의 이론가들의 철학적 개념들을 설명하였다. 그 여섯 가지의 개념들은 데리다(Derrida)의 해체, 스피박(Spivak)의 한계성,

푸코(Foucault)의 권력-지식, 버틀러(Butler)의 수행성 이론, 들뢰즈(Deleuze)의 욕망, 바라드(Barad)의 내부 작용(intra-action)이다.

앞서 언급한 질적 연구의 주요 학술적 개념들을 바탕으로 나는 "이론적으로 생각하기" 그리고 "이론적인 생각"에 주목하여 이 분야의 최신의 담론들에 동참하려 한다. 후기구조주의 이론가들은 연구하는데 있어 의미, 사회적 현실, 상징 등이 발견을 위해 이미 "밖에" 존재하고, 연구자들이 언어, 탐구, 글쓰기를 통해 현실들을 보편화한다는 전통적 규범들에 문제를 제기한다. 질적 연구에서 후기구조주의적 이론화하기는 한 주체의 삶의 경험들과 이야기들을 사회 문화적, 정치적, 경제적 공간과 시간의 환경에 위치하는 것을 나타낸다(Lather, 2007; Miller, 2005). 후기구조주의 이론들에 관련된 주요 개념들은 언어와 담론, 권력-지식, 재현, 현실, 그리고 기억을 포함하고 있다.

무엇보다도 후기구조주의 이론들은 특정한 환경에서, 특정한 청중에게, 특정한 장소에서 지속적으로 생성되어 다양하고 담론적으로 형성된 현실들을 강조한다(Britzman, 1995; Chase, 2005). 이 장에서는 현실의 다원성(multiplicities)과 학생들의 ARtS 경험을 이야기한다. 현실의 다수성은 인종, 민족성, 국적, 성, 성적 지향이나 주체들의 정체성 분류의 "규범적이고, 역사적으로 특정한 사회적 구성물들의 대표"이다(Miller, 2005, p.51). 이미 정해진 현실에 문제를 제기하면서, 후기구조주의 이론들은 경험들의 순차적인 열거로부터 경험에 대한 다각적인 해석을 통해 현실을 다원적으로 전환한다. 후기구조주의자들은 다수의, 복잡하고, "비정상적인" 정체성들에 가능성을 열어 두기 위해 현실의 단일성에 도전한다. 이 장을 쓰면서 나는 현실들은 "언어로 담기기 위해 밖에서 기다리고 있지 않기"에 연구자들은 진실을 수

중에 넣을 수 없고, 사회적 현실을 정확하게 표현할 수 없다는 브리츠만(Britzman)(1995)의 주장에 동의하는 바이다(p.232). 이 장에서 현실들을 재현하는 작업은 언어나 다른 수단의 제한된 수용력 때문에 항상 "실패"이다.

공동체 없는 공동체의 개념

ARtS Initiative의 목적은 기존 학교 공동체들의 더욱 건강한 공동체를 만들고자 하는 노력에 대한 지원이다. 나는 현존하는 문화적 규범이나 미리 정해진 문화적 동질성과 이질성의 관념에 의해 보편화될 수 없는 공동체들의 다수성을 상상하는 중요성을 강조하는 공동체 없는 공동체를 개념화한다(Derrida, 1997; Nancy, 1991). "공동체 없는 공동체"는 영구적으로 개방된 가능성의 공간을 만들기 위해 순차적이고 연대적인 이해의 과거, 현재, 미래에 도전하고 이 세 부분의 시간 간의 본질적인 관계를 기대하는 데리다(1997)의 예견된 종말론의 설명에서 기인한다. 그의 책 『우정의 정치』에서 데리다는 "사색가들이 모이는 공동체 없는 공동체"를 촉구했다. 그는 공동체 없는 공동체라는 개념을 우정의 정치를 비유해서 발전시켰다. 관례적으로, "좋은" 우정은 친구들 사이의 친밀함에서 비롯되고 이 친구들은 그들의 진정한 친밀감으로 서로를 지원한다. 반면에 데리다는 우정의 진정한 친밀감은 막연한 것이고 두 친구 사이의 특이점들은 예측할 수 없고 변화 가능하다고 주장한다. 이러한 관계에서 좋은 우정이라는 개념은 보류되고, 상호작용들이 일어나기 전에 미리 정해지지 않는다. 데리다에 의하면, 우정(혹은 적대감)은 상호 의존적으로 작용하고 우정을 위해 "타자를 오게 하는" 것은 "오직 타자가 선행하고 나에게 알릴 때, 오직 타자가 나의 편재의 조건일 때만" *아마도* 가능하다 (p.42).

친구(혹은 적)에 관한 이미 결정된 이해는 좋은 우정이 전형적인 진정한 우정의 이해를 독려하며 운용되지 않기 때문에 위험하게도 불안정하게 된다. 데리다(1997)는 역설적으로 "진실의 친구들은 진실 안에 있지 않다"(p.43)고 표명하였다. 그는 만약 친구들이 "폐쇄된 독단의 보장과 안정된 신뢰성에 놓여 있다면"(p.43) 진실한 우정이 아니라고 밝혔다. 독단적이거나 안정되게 그 의미를 예견하며 "진실한" 우정을 만드는 위험 때문에, "좋은 우정"이라는 의미는 정점에 절대 닿을 수 없고, 그것의 정의는 획일적이고 보편적 의미에 갇혀 버릴 수 있다. 오히려 우정의 의미는 특정한 사회문화적 맥락 안에서 작동되고 친구들 간의 실제 상호작용들이 이러한 예측 불가능한 의미들의 생성에 영향을 주기 때문에 항상 고의적으로 보류되고 지체된다.

더 나아가 데리다(1997)는 "다가 올"(to come)이라는 표현에서 아직 오지 않은 공동체의 개념을 설명하였다. 그의 다른 저서에서 데리다(2005a)는 "아직 도래하지 않은 민주주의"(p.62)와 같은 "아직 오지 않은"의 용어를 사용하였다. 이러한 예언적인 희망의 요소는 그의 현재의 형태로는 절대 존재하지 않은 민주주의에 대한 표현에 살아 있다. 오히려 민주주의는 그 구조 안에 항상 언어와 그것의 의미 사이에서 불확실성과 부조화의 아포리아(aporia)로 남아 있다. 다시 말하면 우리가 경험하는 민주주의는 현재의 갈망에서부터 기인된 미래를 상상하는 장래 희망으로 존재하기 때문에 민주주의가 아닌 것이다. 민주주의의 이러한 부정의 방법을 통해 알아가는 성질 때문에 어떤 고정된 의미도 가능하지 않은 것이다. 아직 도래하지 않은 민주주의의 설명처럼 데리다(2005a)는 고정된 형식 안에 그것의 존재를 가두지 않은 공동체의 존재론적 의미를 상상했다. 따라서 공동체 없는 공동체는 현존하는 공동체 안에 그것을 정상화시키지 않고 아직 도래하지 않은 공동체를 상상한다(Derrida, 1997). 민주주의가 보편화된 정의로부터 그 의미를 달리함으로써 존재하는 것과 같이, 그 자체가 "아직 오지 않은" 채로 열려있는 구조 안의 공동체도 그러하다(Rebentisch, 2005, p.929).

실제로 공동체 없는 공동체는 역설적이고 혼란스럽다. 공동체의 실재를 생각하지 않고 어떻게 존재할 수 있는가? 공동체의 존재론적인 부정이 전제될 때 어떻게 그것의 현존이 가능할 수 있는가? 이러한 존재론적인 역설에도 불구하고 나는 이 개념을 상상되지 않은 가능성들의 공동체를 만들기 위한 "열린" 공간을 검토하는 수단으로서 설명한다. 나는 ARtS 활동들을 회고하면서 당연하게 여겨졌던 공동체와 공동체 안에서 시민들의 역할들을 해석한다. 현재의 다문화주의 담론에서 공동체 없는 공동체의 실용적인 시사점과 인식론은 무엇인가? 이 질문은 집단적 연대를 만들어내고 미리 결정된 공동체 안에서 정체성을 표준화하는 작업에서 기인된 주류의 다문화주의 안에서 현재의 관행에 대한 존재론적인 염려에서 나온 것이다. 문화 집단은 그들의 정치적 권리를 위해 화합하여 옹호하지만, 그것은 그 집단 안에 존재하는 사회적 규범을 따르지 않는 타자를 배척하는 것이다. 예를 들면, 버틀러(1999)는 보편화된 개념의 여성은 유색인종의, 동성애의, 양성애의, 성전환의 여성들과 장애 문제를 경험하는 여성들을 배제하는 것이라고 주장하였다. 여기에서 나는 공동체에 대한 반대 담론을 밝히는 자료 분석 과정에서 나타난 두 가지의 중요한 배움의 순간을 제공한다. 학생들의 활동에서 기반하여 나는 ARtS Initiative에서 떠오른 공동체 없는 공동체의 의미들을 이론화하고, 긍정적인 다문화교육 담론들을 촉진할 결과적 시사점들을 밝힌다.

상호연관성의 공동체

ARtS팀은 공동체 안에서의 시민 의식과 시민의 참여에 관한 소개를 하면서 공동체 리더십의 중요성에 대하여 토론하였다. 댄스 활동들이 리더십과 공동체를 표현하는 데 주요 역할을 하였다. 활동 중의 대부분의 토론들이 리더십에 대한 관례적인 접근을 반복하였다. 즉, 사람들은 자원의 분배나 할당에 관한 결정에 전통적으로 "나눔의" 리더십을 강조하더라도, 지도자는 안목이 있고 공동체 회원들은 지도자의 안내를 따른다는 것이었다. 이끄는 사람과 따르는 사람을 주제로 한 활동과 이어 생각을 나누는 중에 예기치 않게도 흥미로운 대화가 전개되었다. ARtS 학생들과 팀은 활동 중에 지도자와 공동체 일원 사이의 복잡한 의미에 대해 검토해 보았다. 우리는 공동체 안의 다른 역할들을 생각해 보며 이미 정해진 지도자와 공동체 일원의 개념들에 문제를 제기하였다. 다음은 활동의 간략한 개요이다.

무용가인 아비가일은 학생들에게 둘씩 짝을 지어 그룹을 만들고 둘 중에 누가 율동을 이끌어 나갈 것인지 결정할 것을 지시했다. 그런 다음 "지도자"가 공동체 안의 리더십이란 무엇인지 몸짓으로 표현을 시작하였다. 기본 규칙은 각자 시작할 때 말을 하지 않는 것이었고, 다른 사람은 그 몸짓들을 따라하였다. 진행 규칙을 들은 후 각

그룹의 두 학생들은 서로를 보고 한 학생이 천천히 몸짓을 시작하면 그 파트너가 따라서 움직였다. 학생들은 차례로 율동들을 생각해내었고 서로를 따라하였다. 활동 후에 학생들과 선생님들은 서로 다른 양상의 리더십(leadership)과 팔로우십(followship)을 경험한 학생들과 생각을 나누었다([사진 5.1] 참조). 각 그룹의 지도자와 공동체 구성원을 밝히고, 담임 선생님 크리스틴은 그녀의 그룹의 학생들이 지도자와 공동체 일원 간의 관계에 대해 나눈 훌륭한 통찰력을 보고하였다. 그녀의 그룹 중에 한 학생은 활동에서 지도자는 존재하지 않았다고 발표하였다.

✦ [사진 5.1] 지도자는 없다!

아비가일 선생님: 지도자들은 들으세요! 여러분들이 너무 빨리 안무를 진행할 때 따르는 사람이 뒤처지는 것을 알아차렸나요?

크리스틴 선생님: 우리 팀은 지도자가 없다고 말했어요… 안무가 어떻게 진행될지 함께 배우니까 흥미로웠어요… 실제로 모두가 가만히 서있고 아무도 이끌지 않을 때 정말 신기했거든요. 그룹으로 가는 것이니까요. 마치 서있는 앞 사람과 연결되어 있는 것 같았어요.

아비가일 선생님: 그렇군요. 여러분, 크리스틴 선생님이 하신 말씀 잘 들었나요? 이 활동을 잘 진행하고 있었다면 지도자의 구분이 없다는 것을 발견했을 거예요. 그룹의 부분을 통제하는 것을 포기하게 되는 것이죠. 공동체 일원이 따르지 않는다면 지도자는 이끄는 것을 중단하게 되고 지도자가 공동체 일원을 따르게 되는 것이죠.

이바: 저는 마치 내 파트너가 다음에 무엇을 하려고 할 지 알 수 있었던 것 같아요. 그래서 그녀가 다음에 진행할 것을 따라 했었어요.

위와 같은 무용가, 담임 선생님, 학생들 사이의 대화는 안무를 취하고 따르는 동안 지도자와 공동체 일원 사이의 모호한 경계를 잘 표현하였다. 지도자와 공동체 일원의 두 개념의 공간은 존재하지만, 액션들을 취하고 두 역할 사이의 밀접한 연결성을 통해 지도자와 구성원의 두 영역은 융합이 되었다. 공동체 일원 없는 지도자는 존재하지 않고, 지도자 없는 공동체 일원은 존재하지 않는 것이다. 지도자가 자신의 이익을 위해 다른 편을 *통제*할 필요가 없을 때 지도자와 공동체 일원 사이의 경계는 사라지게 된다. 이 지도자–공동체 일원 율동은 각자가 연결되었다고 느낄 때 두 영역 간에 양극화나 서열체계는 무관하다는 통찰을 제시한다. 다르게 여겨지는 두 영역이 하나로 합쳐질 때 통제는 필요하지 않다. 아비가일이 지적한 것처럼, 지도자가 이끄는 것을 멈출 때에도 다른 사람들과 계속 협업한다는 것이 중요한 포인트이다. 공동체에서 공유된 리더십은 다른 리더십의 역할 분배를 능가한다. 오히려 공동체 일원들은 지원을 아끼지 않는 공동체를 만드는 데 수직적 위계질서는 존재하지 않는다는 것을 확신하면서 강요된 통제 없이 적극적 협동의 중요성을 고려한다.

다원성의 공동체

ARtS Initiative을 진행하는 동안, 연구팀은 학생들이 위험 요소가 많은 공동체에서 살면서 안전성의 문제들을 언급하는 것이 좋겠다고 생각했다. 대부분의 학급 토론 주제가 배려하고, 안전하고, 건강한 공동체를 지속하는 긍정적인 면들을 그리며 안전한 공동체를 유지하는 것에 집중되었다. 활동 중 거대한 목표는 학생들이 그들의 공동체에서 불공정과 불공평을 언급할 수 있는 비판적 의식을 도모하는 형평성 기반의, 다문화주의적 교육과정을 지원하는 것처럼 보인다(Murray & Milner, 2015). 사회 불평등과 안전을 향한 학생들의 의식을 깨우는 것의 가치가 중요하지만, 나는 학생들이 "서로를 돕는"이나 "우리 공동체를 건강하게 유지하기" 등의 언어로 근사하게 묘사되는 공동체의 개념에서 벗어날 수 있기를 바란다. 시 짓기 수업은 학생들이 그들의 공동체 안에 존재하는 폭력과 위험을 인지하면서 안전과 불안전 사이의 공간을 검토해 보는 중요한 순간을 제공해 주었다. 학생들은 그들의 공동체 안의 폭력과 안전 문제들에 사실적이었고, ARtS팀은 심미 기반의 방과 후 교육과정을 통해 안전하고 지원받는 환경에서 이러한 문제들을 다루었다.

시 짓기 활동 중에 ARtS팀은 적극적 시민의식을 표현하기 위해 학생들에게 다양한 은유들을 상상하게 함으로써 아이디어 구상의 과정을 최대화하였다. 학생들은 시를 썼고 공동체와 적극적 시민의식에 대한 그들의 생각들을 나누었다. 적극적 시민의식을 상상하고 시각적으로 콜라주 형식으로 표현하기 위해 잡지책들을 이용하였다. 시 짓기 첫 시간에, 교사는 학생들에게 공동체의 개념을 생각할 때 떠오르는 이미지들을 이야기하게 하였다. 시 짓기 교사는 공동체의 깊은 대화로 들어가기 전에 우정의 개념에서 시작하게 하였다. 시인이자 담임 선생님인 메들린은 다음의 예시들을 사용하였다. "저는 보통 우정을 전체 중 두 개의 반쪽이라고 생각해요. 그래서 때때로 쌍둥이나 사람들의 결합을 생각하죠… 저는 우정을 그냥 연결된 상태라고도 생각합니다." 학생들은 심장, 나무, 개, 퍼즐, 무지개 등의 이미지들을 그들의 우정에 대한 생각을 표현하기 위해 사용하며 그들의 이름표들을 만들었다.

이름표를 제작하는 것은 시 짓기를 통해 공동체를 표현하기 위한 메타포 만들기를 연습하는 과정이었다. 학생들은 우정에 대해 그들이 선택한 이미지를 해석하고 어떻게 그 이미지들이 공동체의 개념을 나타내는지 설명하도록 하였다. 예를 들면, 팀은 나무와 나뭇잎의 이미지를 공동체와 적극적인 시민들로 연결하였다. 4학년 키이스도 우정은 영원하다는 것을 강조하고 상록수를 회상하며 나무의 메타포를 사용하였다. 이름표 만들기 활동 후 연구팀은 학생들에게 "나에게 공동체란 어떤 의미인가?"라는 중요한 질문에 대해 생각해보는 것을 요청했다. 아래는 학급 토론에서 발췌한 부분이다.

메들린 선생님: 여러분들이 공동체의 정의를 내린다면 무엇인가요?

다니엘라: 많은 사람들이 모여 마을을 이루는 것이요.

이사벨: 저에겐 사람들이 같이 일하고 무엇인가를 실제로 만드는 것이에요.

메들린 선생님: 다른 의견도 있나요? 선생님에게는 공동체란 우리가 안전함을 느끼고, 위험을 감수할 수도 있고, 편안함을 느끼는 안전한 곳이에요.

ARtS Initiative 동안 우리는 학교와 이웃에 더욱더 안전한 공동체를 만들 수 있는 생각들을 나누는 시간을 가졌다. 공동체의 개념에 대해 토론하는 동안 교사들은 협동과 지원의 환경을 강조하는 *낭만적인* 공동체를 상상하는 경향이 있다. 하지만, 5학년인 엔젤이 그녀의 이웃의 안전하지 못한 문제를 꺼내면서 토론의 방향이 바뀌었다.

엔젤: 만약에 당신의 이웃이 안전하지 않다면요?

메들린 선생님: 만일 당신의 이웃이 안전하지 않다면요…?

션 교수: 좋은 질문이에요. 만일 우리의 이웃이 안전하지 않다면?

엔젤: 사나운 개에게 쫓겨 본 적이 있어요.

이사벨: 누군가가 집을 향해 총을 쏘았어요.

메들린 선생님: 여러분들의 공동체에서요?

이사벨: 네. 우리 집이었고, 그 다음 다른 집에서, 그 다음 집 근처 도로에서 발생했어요.

메들린 선생님: 사람들이 총을 쏜거에요?

이사벨: 네. 꽤 위험했어요.

데니: 그런 위험한 일이 일어나면 경찰이나 119에 연락해야 해…

이사벨: 그렇게 되면 너희 공동체를 돕는 것이고…

메들린 선생님: 맞아요, 우리의 공동체가 안전하지 않을 때 공동체를 도울 수 있는 많은 사람들이 있어요.

ARtS 학생들은 다양한 활동을 통해 다수의 복합적 면모의 공동체를 생각해 보았다. 학생들은 그들의 이웃에서 경험한 폭력, 안전, 경찰의 부족에 대한 염려를 꺼내 놓았다. 엔젤의 안전하지 못한 공동체에 대한 진정한 걱정은 토론을 다각화했고 대화를 진실되게 만들었다. 그녀의 질문인 "만일 우리의 공동체가 안전하지 않다면요?"는 학생들이 속한 공동체들 속 안전 문제들을 돌아보도록 대화의 방향을 바꾼 시인과 대학교수에 의해 뒷받침되었다.

토론 뒤에 이어진 시 짓기 활동은 도시에서의 삶의 두려움을 완화시키려 특별히 "도시" 학교라는 용어를 만든 주요 매체들에 의해 형성된 안전한-안전하지 않은 공동체로의 표준화(normalized)된 접근에 어린이들이 의문을 제기하는 발판이 되었다. 도시를 안전하지 못하고 위험한 공동체와 결부시킴으로써 도시 학교가 정규화된 것이다(Popkewitz, 1998). 공동체 없는 공동체의 개념은 이러한 공동체에 대한 정형화된 이해를 피한다. 이를테면, ARtS팀은 안전함–위험의 이분법을 이용한 도시 공동체에 대한 정상화된 이해에 도전하였다. 다문화 교육자들은 사회 정의를 강조하거나 공동체 안의 안전 문제를 다루는데 많은 이슈들을 접한다. 그들이 이러한 문제들을 접할 때, 나는 자원이 부족한 공동체의 학생들의 삶에 대한 부정적인 이미지를 조장하는 어떤 정상화된 "도시"에 대한 이해에 문제를 제기해야 한다고 주장한다. 동시에 교육자들은 공동체 안에서 공동체와 적극적 시민의식의 개념을 이야기할 때 정서적으로, 지적으로, 정신적으로 안전한 환경을 조성하는 것을 고려해야 한다. 나는 이 공동체 없는 공동체의 개념을 통하여 도시 지역이 안전하지 않다는 일반적인 인식에 대해 이의를 제기하는 안전과 위험의 중간의 공간을 조성할 것을 촉구하는 바이다. 이 중간의 공간은 도시 공동체의 부정적 이미지를 극복하고 건강한 환경을 만드는 지속적인 과정으로서의 공동체의 다원성을 인정하며 어린이들이 실제로 공동체의 다른 면을 상상하는 장소인 것이다.

공동체 없는 공동체와 사회 변화

공동체 없는 공동체: 도래하는 시민의식

학생들의 이야기들을 생각하며, 공동체 없는 공동체의 개념에 대해 더 논해 보겠다. 공동체 없는 공동체는 정답을 쫓기보다는 협업의 목적, 민주적 가치의 실행, 교육적 진보의 추구에 대한 더 많은 질문들을 제기하는 것을 목표로 한다. 나는 공동체 없는 공동체를 이론화하면서 무엇보다도 타자 사이의 상호관련성과 공동체의 다원성을 강조하고 싶다.

나는 이 글의 이론적 근거로서 데리다(Derrida)의 공동체 없는 공동체의 개념을 소개하였다. 여기에 정치와 관련한 다른 철학자들과 담론들을 통해 자세히 설명하겠다. 예를 들면, 낭시(Nancy)(1991)는 그의 책 『무효한 공동체』에서 데리다의 영향을 받아 공동체 없는 공동체의 개념을 다음과 같이 설명하였다.

> 공동체 없는 공동체는 항상 끊임없이 *오고* 있다는 점에서, 모든 집합체의 중심에서 *도래*한다. … 이것은 단지 출현의 끝에서, 우리가 사실상 소집되고, 불려가고, 보내지는 한계에서 오는 것에 그치지 않는다. … 그것의 본질은 신화적 장면을 단칼에 분쇄하는(그것이 절단이든 그리고

/혹은 글자로 각인하는 과정이든) 그러한 행동으로 구성된다.(pp.71-72, 원문에서 강조)

이 발췌문에서 낭시(1991)는 공동체는 일반적 존재의 미리 정해진 형태로 존재하지 않는다고 강조한다. 오히려 공동체는 주체들이 전적으로 의지하는 "타자의 한계"에서 잠정적 형태로 존재한다(p. 76). 데리다의 개념을 통해 낭시는 이러한 잠정적이고 *차연*적 면모의 공동체를 역력하게 설명했다. 그는 "우리는 서로 공동체의 의미가 아닌 *일상적이고 단수의 의미들을 무한히 비축한 것*들을 이야기한다"고 하였다(p.79, 원문에서 강조). 공동체는 우리가 공동체 안에서 결속력을 만들기 때문이 아니고 보편적 동의를 만들지 않음을 통한 영원한 개방성 때문에 중요한 것이다. 이러한 개방적이고 잠정적인 요소의 공동체는 그룹 안에서의 주체성에 대한 토론을 연다. 낭시가 주장한 바와 같이, 나는 공동체와 공동체 구성원들의 다원성을 고려하지 않은 집단적이고, 단일의 정체성을 강조한 보편화된 연대와 대중 결속의 위험을 문제 삼는다. 다문화적 교육자들은 공동의 단체로서의 공동체를 강조하면서 공동체의 다중적 의미를 상상할 수 있는 가능성을 폐쇄하고 공동체 안에서 다양한 필요에 대응하는 정치적 행동들을 제한하는 경향이 있다.

낭시의 공동체에 대한 논의는 드봐다스(Devadas)와 머메리(Mummery)를 포함한 다른 이론가들도 자주 인용한다. 그들의 논문 "공동체 없는 공동체"에서 드봐다스와 머메리(2007)는 주로 낭시의 영향을 받아 이 개념의 개요를 설명했다. 그들은 낭만적으로 묘사된 통상적 이해의 공동체는 "폐쇄감, 연속성, 통일성, 보편주의에 기초한 집단성을 재생산한다"(p.1)고 하였다. 비판적 이론에서 자원이 부족한 공동체 안에서의 연대감은 사회 불평등에 맞서 싸우는 데 필수 조건이다. 드봐다스와 머메리는 낭시의 통일성 없는 공동체의 개념을 바탕으로 배타적 공동체의 잠재적 폭력을 설명하였다. 배타적/포용적 양태의 공동체는 시민의식을 정상화하고 이러한 사회적 규범을 따르지 않는 공동체 구성원을 배척한다. 드봐다스와 머메리는 배타적인 연대의 공동체를 거부했고 "미리 주어진 개념들의 공동체와 정체성에 의존하지 않는 새로운 구조와 관계망의 대안적 개념의 공동체"를 제안하였다(p.2). 이 시점에 이러한 존재론적인 혼란에서 새로운 질문들이 떠오른다. 본질 없는 공동체(국민들도 아니고 국가도 아닌 공동체 등등)가 어떻게 제시될 수 있는가? 즉, 이 본질을 실현하는 의지에 기반하지 않은 정치는 무엇이 될 수 있을 것인가? 이러한 질문들은 인본적이고, 계몽적 형태의 정체성과 공동체를 다시 생각해 보는 중요한 시작점인 것이다.

다른 철학자들과 교육자들도 다방면의 공동체를 설명하는 비슷한 인식론적인 접근에 참여하였다. "합의 없는 공동체"(community without consensus)와 "불일치의 공동체"(community without dissensus)의 개념으로 밀러(Miller)(2010b)와 랑시에르(Rancière)(2010)는 각각 공동체의 다중성과 보편화된 공동체 조성의 불가능성을 강조하였다. 여성주의와 후기구조주의적 관점에서 밀러는 "자신, 타자, [교육적] 분야가 고정되지 않고, 유동적이고, 불안정화 될 수 있고 상상되지 않고 추적할 수 없는 방법들로 재결합할 수 있는 힘으로 나타날 수 있는" 공동체를 지지하였다(Miller, 2010b, pp. 99-100). 합의 없는 공동체들은 어떠한 경계들도 잠정적으로 재인식되고 복잡하게 얽혀있는 곳에서 항상 만들어지고 있는 진행형이다(Miller, 2010b). 집단적이고 안정된 공동체의 연대가 평등과 다양성의 토론에서 강조될 때, 밀러와 다른 후기구조주의자들은 집단적으로 문화적 정체성을 보편화하고 공동체 구성원을 구성하는 정체성의 다원성을 무시하는 정상화된 폭력을 최소화하려 노력했다. 유사하게도 랑시에르(2010)는 그의 논문 "불일치의 생각: 정치와 미학"에서 "불일치"를 정치적, 미학적 담론으로 개념화하였다. 따라서 정치는 집단적, 본질적 형태의 공동체로 환원될 수 없다. "불일치의 공동체"는 "동질성 안에 차이, 다른 것들의 동일함"을 만드는 공간을 창조한다(p.1). 비슷하게도 기어(Gere)(2012)는 디지털 시대의 기술이 가져온 새로운 공동체와 관계성을 강조하면서 공동체 없는 공동체의 개념을 다루었다. 그의 책, 『디지털 문화에서의 공동체 없는 공동체』에서 기어는 기술들이 "무관계, 무공동체, 공동체 없는 공동체의 결과"를 가져오는 점을 역설했다(p.1). 이러한 개념은 공동체 회원들을 연결하는 폭넓고 장대한 생각들을 일축한다. 나의 공동체 없는 공동체의 개념은 디지털 기술을 논하지 않지만 기어의 생각과 함께 한다.

합의 없는 공동체와 불일치의 공동체의 개념들을 지지하면서 나는 자신, 타자, 그리고 공동체에 대해 탐색해보지 않은 가능성들을 상상하는 공간을 열기 위해 다문화적 교육자들이 보편화된 연대감에 도전하는 공동체 없는 공동체를 이론화한다. 공정한 공동체는 공동체의 다중성과 주어진 공동체 안의 다양한 목소리들을 편견 없이 강조하는 공동체 없는 공동체의 가치를 인식하는 것에서 비롯된다. 다문화주의의 주된 해방(emancipation) 프로젝트는 무의식적으로 의도하지 않게 사회 정의를 추구하는 과정에서 배타주의를 조장한다. 연대가 정치력을 발휘하기 위해 필수적이지만 모순적이게도 집단 연대는 공동체의 당파주의를 만든다. 맹목적인 연대감은 회원 자격과 소속감을 정상화하는 점에서 문제가 있다. 더구나 시민들의 절대적 의

무는 정의와 평등에 대한 비윤리적 결과를 초래하는 타인에 대한 폭력을 행사하게 된다. 이러한 연대성의 잠재적인 문제들 때문에 후기구조주의적 이론들은 사람들 사이에서 정치적이고 적극적인 상호작용의 효과로 구성되는 주체에 집중한다. 이러한 상호연관성의 새로운 개념은 "이미 구성된 공동체들, 이미 만들어진 주체들"(Butler, 2009, p.31)을 넘어서는 공동체를 상상할 수 있게 한다. 새로운 인식론적 근거들은 우리가 *폐쇄된 공동체와 정의를 추구하는 결속력*, 새 공동체의 설립의 개념들을 재고할 것을 장려한다.

이 장에서 나는 사회 불공정과 맞서 싸우고 안전한 공동체를 설립하는 데 있어 이분법적인 반대 개념만으로는 충분하지 않다고 주장한다. 지도자-공동체 일원의 활동은 아이들이 두 부분으로 분리된 이끄는 자-따르는 자에 대한 개념을 다시 생각해 볼 수 있는 방법들을 제시한다. 활동에서 지도자와 공동체 일원 사이의 모호한 부분은 역할과 책임이 힘의 작동에 따라 작용한다는 것을 강조한다. 그 어떤 단일적이고, 보편화되고, 통일된 개념의 자신들, 연대, 결속력도 존재하지 않는다. 그 어떤 주체도 주체들 간의 상호작용을 떠나 안정되게 존재하지 않는다. 대신에, 자신-타자, 지도자-공동체 일원의 관계는 아주 정밀한 사회 정치적 맥락에 따라 힘이 다방면으로 작용되는 자신과 타자의 *근접성*(proximity) 안에서 언어적으로 그리고 물질적으로 구성된다(Todd, 2009). 이러한 구조는 미리 정해지지 않고 공동체의 특정한 환경에 따라 지속적으로 진화한다. 자신과 타자, 지도자-공동체 일원의 관계를 그 어떤 이분법적으로 분리된 생각으로 이해하는 것은 불가능하다.

또한 엔젤의 염려에서 나온 "만약 공동체가 안전하지 않다면요?"라는 질문은 도시-변두리와 위험-안전의 이분법적 분리에서 담론적으로 발생한 전형적 이미지들을 최소화하면서 도시에서 안전한 환경을 유지하는 중요한 이슈를 불러왔다. 공동체 없는 공동체는 이러한 분리를 설명하는데 힘의 작동을 검토할 것과 어떠한 이분법적 용어로 본질화되거나 정상화될 수 없는 관계 사이의 공간에 있는 주체와 공동체를 상상할 것을 요구한다. 나는 공동체 없는 공동체의 개념과 함께 교육자들이 이러한 불안전하게 인식된 기존의 정상화된 도시 교육의 관행에 이의를 제기하는 안전한 공동체의 열린 공간을 만들 것을 촉구한다. 공동체 없는 공동체는 미리 존재하고 정상화된 도시 공동체의 이해 대신에 주체들 간의 상호연관성을 강조하면서 이론적으로 또 교육적으로 계속 만들어지고 있다. 무엇보다도 공동체 없는 공동체의 개념은 감정적으로, 지적으로, 정신적으로 안전한 환경을 만들고 어린이들이 어떤 닫힌 공간도 넘어 볼 수 있고 열린 공간을 상상하도록 격려하는데 쓰일 수 있는 사회 정치적이고 담론적인 노력이다(Greene, 1995).

공동체 없는 공동체와 사회 변화를 향하여

비판적 문화기술의 전통에 따르면 인종, 계급, 성, 능력이 차별되는 사회에서 사회적 불평등과 싸우기 위해서는 "가진 자와 가지지 못한 자"나 "이끄는 자와 따르는 자"의 사이를 구분하는 것이 중요하다. 여기서의 해방이라는 수사학에서 권력이란 공동체 안에서 나눠어야 하고 나누어진 리더십은 결정을 단행하는 의미 있는 민주적 관행이라는 것을 전제로 한다. 공동체 없는 공동체의 개방성을 개념화하는 데 있어 현재의 다문화주의 담론에 대한 버틀러(Butler)(2009)의 도전은 적절하다. 버틀러(2009)의 인식에 대한 이론의 중심은 전쟁과 지구화가 삶의 차별의 우려와 인식을 구성한다는 것이다. 그녀는 "문제는 단순히 기존의 규범에 어떻게 더 많은 사람들을 포용하는가가 아니라 기존의 규범이 사람들을 어떻게 다르게 인식하는가를 고려하는 것이다”(p.6)라고 인식의 “틀”에 의문을 제기할 것을 급선무로 요구하였다. 다시 말하면 틀 안과 밖에 무엇을 넣는가는 중요한 일이 아니다. 오히려 주목할 점은 자신의 삶을 잃었어도 그 주체의 존재 여부를 개탄하는지 혹은 그렇지 않은지에 대한 합리적인 근거를 제시하는 그러한 틀에 대한 조사이다(Butler, 2015). 그녀는 또한 주체가 사회적 규범의 집합 속에서 그리고 이를 통해 담론적으로 구성되었기 때문에 사회적 규범에 대한 분석을 강조하였다. 버틀러(2015)는 주체를 다른 존재론의 관점에서 개념화하였다. 어떠한 주체도 자유 의지를 갖고 타자들과의 실제적 상호작용 없이 존재하지 않는다. 그것은 주체들 간의 주체와 타자를 구성하는 상호관련성인 것이다. 그녀의 책, 『주체의 감각들*(Senses of the Subject)*』에서 버틀러(2015)는 이렇게 주장했다.

> 나는 젠더, 인종, 사회적 지위와 같이 나를 지휘하고 압도하는(그리고 순수한 잠재력으로서의 내가 현실에 직면하기도 전에 나를 제압하는) 사회적 규범을 떠나 독립적으로 존재하지 않는다 따라서 규범들, 관습들, 기관적 형태의 힘은 내가 어떤 가능한 행동을 취하기 전에, 우리 행동의 근원으로서 때때로 자신을 생각하는 “나”가 되어 그 전에 이미 가동된다.(p.6)

버틀러(2015)에 따르면, 정체성은 자발적인 개인의 선택들과 다른 사람들 앞에서의 의식적인 행동들의 모음이 아니다. 오히려 버틀러는 지속적으로 이러한 규범들을 반복함으로써 주체를 구성하는 사회적 규범들의 집합체를 강조했다. 주체는 자유 의지를 가진 자가 아니고, 오히려 공동체 안에서 행사되는 힘－지식이 담론으로 성 정체성을 구성한다. 버틀러처럼, 토드(Todd)(2009)는 주체들 간의 담론적 상호작용과 주체성 구성을 위한 상호작용의 결과들을 고려하지 않는 현존하는 문화적 자신과 타자의 이해에 대해 문제를 제기했다. 레비나스(Levinas)의 인간과 인간성의 개념을 들어 토드는 상호작용의 결과로서 생기는 인간성을 이론화하였다. 인간성은 미리 정해진 이상이나 공유하는 가치의 덕목이 아니다. 오히려 인간성은 폭력의 위협으로부터 영향을 받아 "자신과 타자가 만나는 근접성에 위치하고 있다"(p.19). 자신과 타자 간의 힘의 가동과 구체적인 사회 정치적, 경제적 맥락들을 알아보는 것은 공동체 안에서의 다른 역할들과 힘의 구조를 이해하는데 중요한 부분이 되었다. 버틀러(2015)와 토드에 의하면, 문화적 동질성과 이질성에 미리 정해진 의미를 부여하기보다 주체들 간의 실제 상호작용들이 자신－타자 관계의 의미를 구성한다.

페미니즘 정치를 예로 들어 버틀러(1999)는 "어느 정도까지 여성주의 정치를 위한 기본으로서 일상의 정체성을 위치시키려는 노력이 정치적 구성과 정체성의 규제에 대한 질문을 배제할 것인가?"(p.xxxii) 여기에서 버틀러는 어떻게 이성애의 규범에 기초한 여성주의 정치가 모든 시민들이 모든 사람들에게 평등하게 인정받는 방법을 찾는 "인식의 정치"(Lloyd, 2005, p.143)에 대한 개방적 탐구를 방해하는지 우려를 표했다. 버틀러(2004)는 "여성들의 인지, 생각, 행동 방법들"을 강조하는 정체성 정치(identity politics)에 우세하게 존재하고 있는 성에 대한 단일적인 인식론적 접근에 계속해서 의문을 제기했다. 그녀는 이러한 여성에 대한 개념들은 이미 '받아들일 만한' 범주화의 용어들이 제도화된 때에 힘에 의해 이미 조직화되었다"(p.215)라고 주장하였다. 다시 말하면 여성들의 인지, 생각, 행동 방법들은 힘과 역사적 담론들에 의해 구성된 것이다.

규범화된 양식의 정체성 정치에 반대한 버틀러(1999, 2004)의 논의에 힘입어 나는 집단적 문화 정체성 정치나 돌비(Dolby)(2000)가 명명한 "맹목적인 정체성 정치"(p.909)를 보편화하려는 공적인 노력을 재검토한다. 정체성 정치에 영향을 받은 교육자들은 정체성의 담론적이고 정치적인 구성을 고려하기 전에 구체적 문화 집단(예를 들면, 민족성/인종, 성, 계급 등)에서 흠이 없는 "우리됨"(we－ness)을 주로 생각한다(Moon, 2011a). 공동체 없는 공동체는 다문화주의 교육자들에게 인종, 성, 계급 등의 개념들이 구체적인 사회 정치적, 문화적, 경제적, 역사적 맥락에서 담론적으로 순환되고, 재생산되고, 변화하는 방법들을 검토할 것을 장려한다. 요점은 교육자들이 공동체 안에서 이러한 정체성의 범주들이 담론으로 순화되는 방법들을 설명해야 할 필요가 있다는 것이다. 나는 사람들의 어떤 정상화도 최소화하기 위해 범주들의 일관성과 만장일치의 목소리로 구성된 공동체의 집단적인 우리됨(we－ness)에 의문을 제기한다. 공동체 안의 다양한 목소리들을 인정하는 것은 사회 불공정에 반해 싸우는데 "우리"가 무엇을 뜻하는가를 설명할 새로운 어휘들을 창조하는 프로젝트이다(Moon, 2011a).

일러두기

이 장은 Moon, S. (2016). The ARtS community without com－munity: Imagining aesthetic curriculum for active citizenship. *Sage Open,* July－September, 1－11, doi:10.1177/2158244016664772. (Open Access journal article, published under the Creative Commons CC－BY license)의 수정본이다.

CHAPTER 06

ARtS, 사회 정의, 그리고 질적 연구 방법론

CHAPTER 06

ARtS, 사회 정의, 그리고 질적 연구 방법론

ARtS 프로젝트의 가장 좋은 점은 많은 아이들이 매일 모여서 생각과 느낌을 표현할 수 있는 것이에요. 그 어느 누구도 판단하지 않아요. 사람들을 알게 되고 그들이 어떤 생각을 하고 마음가짐이 어떤지 알게 되는 아주 좋은 프로그램이에요.

(앨리스, 5학년, 사적 대화)

ARtS 학생들은 적극적 시민의식의 의미와 적극적 시민의식이 학교와 공동체에서 어떻게 구현되는지 이해하려고 노력하였다. 그들의 상상력으로 안무와 점토 예술을 제작하였다. ARtS의 즐거움은 다방면으로 표현되었다. 공동체의 밤 시간에 5학년 앨리스는 개방형의 질문들과 환영하는 배움의 분위기를 토대로 한 ARtS의 경험을 회고하였다. 학생들이 다양한 관점들을 포용하며 열린 마음으로 ARtS 프로젝트와 적극적 시민의식에 대한 생각들을 나누고 이를 듣는 것은 진정한 기쁨이었다. 이 책은 심미적 경험과 질적 연구 방법의 내용을 소개하는 야심찬 프로젝트이다. 사람들은 이 책에 대해 "그래서 어떻다는 거지?" 하고 물을 수도 있다. 이 질문에 나는 세 가지의 다른 존재론적과 인식론적인, 즉 심미적으로 고안된 방과 후 프로그램인 ARtS 가치로의 접근법으로 접근한다. 나는 서로 다른 존재론적, 인식론적 관점들은 평등과 사회 변화로의 다양한 접근법을 형성한다고 주장한다. 중요한 점은 연구자들은 다른 존재론에 의해 설득될 수도 있고 그 방법에 의해 존재론과 인식론은 연구에서 서로 엮여 있다는 것이다. 이러한 방법론적 뒤엉킴을 고려해 볼 때, 나는 이 분야의 동료들과 함께 생각해 보고 싶은 세 가지의 중요한 문제들을 제시한다.

첫 번째 이슈: ARtS의 개방형 탐구

ARtS Initiative 동안 예술가 교사들과 교사들은 학생들을 다른 사람들의 의견에 개방시키면서 서로 나눈 생각의 힘을 강조하였다. ARtS Initiative는 개방형 탐구를 위한 안전하고 편안한 공간을 제작하였다. 예술의 힘을 통해 학생들은 다양한 관점을 포용해 다른 공동체를 상상할 수 있었다. 예술의 힘을 빌어 학생들은 제약 없이 그들의 생각을 표현할 수 있었다. ARtS 프로젝트는 옳고 그름의 범주 안에 생각을 한정하지 않음으로써 개방형 탐구를 장려하였다. ARtS팀은 정형화된 방식의 시민의식이나 공동체의 역할을 가르치는 데 있어 이분법적 접근을 지양하였다. 프로그램 초반에 연구팀은 학생들이 개방형 탐구에 익숙하지 않았기 때문에 그들에게 다양한 관점을 표현할 것을 장려하는 데 어려움을 느꼈다. 시간이 지나면서 우리는 학생들이 더 적극적으로 참여하고 활동들을 즐기는 것을 보게 되었다. 활동 중에는 학생들에게 생각을 나누는 데에는 옳고 그른 답이 없다는 것을 계속 상기시켰다. 오히려 그들은 메타포의 사용을 통해서 적극적 시민의식의 개념을 구체화하였다. 학생들의 적극적 시민의식에 대한 상상은 예측하지 못한 나무들, 끝내주는 파티, 여름학교, 공동체를 돌보는 영양분의 상상의 현실들을 언급하였다. 학생들이 다른 생각에 노출이 되면 새로운 깨달음이 그들의 가치를 확인시키고 다른 삶들을 받아들이도록 이끈다. 더 나아가 ARtS팀은 공동체와의 의미 창조와 의미를 나누는 것에 집중했다. ARtS 프로젝트는 배움의 과정을 가치 있게 하고 긍정적인 배움의 결과들을 고려하기 위한 *공간*이며 *장소*였던 것이다.

보통 예술기반 방과 후 교육과정은 보통 작품 완성하기와 관중 앞에서 배운 내용을 보여주는 데 집중한다. 프로젝트 동안 공동체의 밤 이벤트를 위해 완성도가 높은 수준의 작품들을 보여주기 위한 노력은 어려운 문제였다. 예를 들면, 무용가는 일반적 대중 공연에 예술적 기술을 학생에게 전하는 예술가 교사로서 그녀의 능력을 한껏 발휘하는데 부담을 느꼈다. ARtS 팀은 그 부담감을 이해했지만 결말의 한 번의 공연보다는 프로젝트의 과정에 집중했다.

학생들은 연습한 춤 동작을 잊기도 했지만, 갤러리/공동체의 밤에서 자연스럽게 청중 앞에서 공연하였다. 학생들과 예술가는 청중에게 안무의 설정 과정에 대해 설명했고 그들이 경험한 이야기들을 전해 주었다. 학생들은 그들이 그룹에서 안무를 결정하는 동안 구성원들 간의 서로 다른 의견들을 조율했던 방법에 대해서 설명했다. 공연을 마치고 한 5학년 학생은 "ARtS Initiative는 저의 자신감과 감사하는 마음을 키워주고, 그리고 공동체 구성원들의 특별한 이야기들을 나누는 새 방법들을 가르쳐 주었어요."라고 말하였다. 공동체의 밤에서 또 한 학생은 그녀의 ARtS Initiative 경험이 친구들과 편안하게 마음을 나누는 통로였다고 설명하였다. ARtS를 통한 개방형 탐구는 학생들의 배움에 자신감을 주었고 공동체 안에서의 다수의 관점의 중요성을 부각시키는데 중요했다. 따라서 적극적 시민의식은 다원화된 사회에서 서로 다른 의견들에 대해 유연함을 내포한다.

이 장을 시작하면서 언급했듯이 앨리스는 ARtS Initiative를 평가받을 걱정 없이 생각을 나누는 장소로 기억했고, 이렇듯 끝이 열려있는 개방형 탐구는 다른 문화적 입장에서 비롯된 독특한 생각들을 표현할 수 있는 기회를 제공하였다. 더 나아가 이러한 배움의 환경에서는 학생들이 모두가 환영받고 모든 관점들이 존중되는 강한 공동체의 느낌을 받는다(Shiller, 2013). 나는 옳고 그름을 이용해 지식의 정의를 좁혀오는 위협 안에서 ARtS의 개방성을 강조한다. 정상화된 좋고 나쁨의 가치는 다른 생각들, 자신의 앎을 표현하는 다른 방식들, 그리고 교육에서의 다른 가치들 등의 다름에 대한 학생들의 개방된 생각을 제한한다. 나는 교육자들이 학교와 다른 교육적 환경에서 학생들의 산 경험을 나누는 예술과 ARtS의 가치를 적용할 것을 적극 고려하기를 바란다.

두 번째 이슈: ARtS와 평등의 문제

ARtS Initiative는 예술과 심미적 경험을 통해 학생들의 인식을 고취시키는 점에 그 목표를 두었다. 비판적 문화기술 연구는 교육에서 평등의 문제들을 장려하는 생각을 지지하는 단단한 이론적 틀을 제공한다. 문헌들은 예술이 어린이들에게 사회 정의에 대한 감각을 키우는 방법들에 대한 통찰력을 보여준다고 전한다(Miller, 2011). 그린(Greene)(1995)은 예술 그 자체가 사람들을 바꾸지 않을 수도 있다고 말했다. 오히려 그것은 사회적 불평등에 대한 위기감을 확장시키는 도약판이 되는 예술과 자신 사이에서의 활발한 상호 작용에의 참여인 것이다. 이 책에서 나는 문화 기술적 사례들을 소개하였고 학생들이 예술적 표현을 통해 적극적 시민의식과 공동체를 개념화하고, 심미적 경험을 통해 다양하고, 반성적인 생각들을 나누는 방법들을 탐색하였다.

기존 연구 문헌들은 예술이 이러한 문제들을 검토하는데 중요한 도구들을 제공한다는 견해를 지지한다(Quinn, Ploof, & Hochtritt, 2012). 프로젝트를 진행하면서 연구팀은 심미적 탐험이 학생들에게 평등을 가르치는 교육적 플랫폼을 제공한다는 것을 알게 되었다. 예술가 교사, 예술과 교육자들, 공동체 구성원은 안전, 사회 변화, 인종/성 불평등의 절박한 주제에 관한 대화를 장려하는 서로를 위해 중요한 존재들이었다. 그들은 빈곤의 재생산과 능력주의(meritocracy)에 대한 문제들에 대해 토론하였고 적극적 시민으로서 정치적 행동을 취하여 더 안전한 공동체를 만드는 것에 대해 이야기를 나누었다. 특히 시 창작은 변화를 위한 공동의 행동으로 다른 미래들을 상상하는 도구로서 활용되었다. 실제로 예술 작품들과 자기 성찰적 생각들은 학생들의 공동체, 적극적 시민의식, 평등에 대한 이해를 탐색하는 축이 되어 주었다. 예술은 강력하게 학생들의 참여를 이끌고, 학생들이 다른 사람들의 다양한 생각을 인식하게 해준다.

이론적이고 교육적인 전략들을 고려하면서 ARtS Initiative는 적극적 시정 참여와 연관된 다원적 가치들을 불어 넣고 예술의 기능적 연습을 능가한 자기 주도를 장려하였다. 방과 후 교육과정은 오랫동안 학생들이 학업과 정서적인 지원을 받는 곳으로 여겨져 왔다. 노이만(Neuman)(2010)은 잘 개발된 프로그램들은 학생들에게 공동체에 대해 비판적으로 생각하고 또 공동체와 상호작용하는 도구를 제공한다고 말했다. 그녀는 방과 후 커리큘럼은 학생들을 발전시키고 자율권을 부여할 능력을 가졌다고 주장했다. 다양한 분야의 교육자들은 어린이들에게 사회적 불공정과 사회 변화를 위한 행동을 취하는 것에 대한 절박함을 고취시키려 노력하고 있다. 나는 학생들이 생산적이고 의미 있는 일에 참여하는 잘 만들어진 방과 후 교육과정을 지지한다. 예술은 학생들이 이러한 어려운 대화에 관심을 갖게 하는데 절대적으로 중요한 역할을 한다. 나는 배움의 경험에 예술을 통합하여 민주적 시민의식을 배양하고 교육에서 평등의 문제들을 촉구하기 위해 ARtS와 이 책의 활용을 장려한다. 프로젝트 동안 나는 교육자들/정책 입안자들이 학생들의 사회적 불공정과 평등을 향한 의식을 깨우는 수단으로써 예술과 심미적 경험을 어떻게 활용할 것인가에 대한 질문을 마음에 두고 있었다. 이러한 바람을 갖고 ARtS를 설계하고 구현했다. 따라서 나는 이 질문을 다른 교육자들을 위한 미래의 연구 방향과 교육적 실천을 위한 질문으로 제안하는 바이다.

세 번째 이슈: 공동체와 상호협력관계

ARtS Initiative는 학생들의 배움을 인식하고 기리기 위해 대학－학교－공동체의 협력관계의 도모를 의도했다. 실제로 일부 연구에 따르면 지역 공동체 기구들과 대학 구성원들 간의 협력은 학생들의 배움의 기회를 장려하는 잠재력을 지닌다(Catapano & Gray, 2010; Rhodes & Schechter, 2014). 카타파노와 그레이(2010)는 배움과 공동체로의 학생들의 긍정적인 참여를 장려하는데 새로운 협력관계를 유지해야 한다고 주장했다. ARtS Initiative는 예술이 협업의 중심이 되는 또 다른 양식의 대학－학교－공동체의 협력관계를 제시한다. 개방적이고 지지적인 협력관계는 프로그램 개발과 구현에 유연성을 부여하였다. 프로젝트 동안 학생들의 출석 문제나 교사와 예술가들 사이에서 교육 철학의 차이 등의 기대치 못한 일들이 벌어졌었다. 이러한 문제가 생길 때마다 교육자들은 학생들의 배움을 어떻게 장려할 것인가의 원래의 목표에 집중하였다. 교육과정을 설계하고 이러한 갈등을 해소하는데 학생들이 중심이 되었다. 무엇보다도 프로그램을 조직하고 관리했던 공동체 진행 담당자의 역할이 중요했다. 초등학교들의 공동체 조력자들은 학부모－학교－팀을 연결하며 ARtS Initiative에 적극적으로 참여했고 그들의 역할은 프로그램의 성공적인 진행을 이끌었다. 학교 밖 외부인들이었던 예술가들과 대학 관계자들에게 그들의 조언은 필수 불가결한 요소였다.

이러한 협동적이고 지지적인 분위기를 기반으로, 각각의 팀 구성원들이 서로 다른 생각들을 자발적으로 표현하는 ARtS Initiative의 강점은 프로젝트에서 "주체성"을 선사하였다. 프로젝트의 끝에 공동체의 밤을 주최한 것은 더 나은 교육의 전망을 나누고 듣는 기회가 되었다. 한 학부모는 그녀의 딸의 작품 수준에 감동받았고 가족 구성원 모두를 초대해 함께 감상할 수 있어서 너무 좋았다고 의견을 주었다. 또 다른 학부모는 자녀가 화요일과 목요일에 있는 방과 후 활동을 기다리고 열심히 참여해서 ARtS 같은 예술 프로그램이 더 필요하다고 강력하게 제안하였다. ARtS Initiative팀은 특히 사회의 힘과 역사적 억압 안에서 살고 있는 부모들에게 많은 긍정적인 예시와 활동들을 보여주고 어린이들을 위한 심미적으로 고안된 방과 후 교육과정의 가치로 안심시켜주었다.

네 번째 이슈: 방법론적 상상력을 향하여

이 책에서 방법론은 중요한 부분으로 다루어진다. 질적 연구자들은 자료와 실재들을 표현하기 위해 다수의 틀을 이론화하였고 전통적인 질적 연구에서 당연시되어 오던 개념들을 재구성하였다(Tierney & Lincoln, 1997). 나는 ARtS Initiative를 표현하고 분석하면서 이러한 방법론적 이슈들에 주목하였다. 앞서 소개한 세 가지의 이론적 틀 중에 나는 질적 연구에서 후기 구조주의적 이론들에 가장 설득이 되었다. 5장에서 나는 후기구조주의적 이론들을 통해 적극적 시민의식, 공동체, 주체성에 대한 정상화된 생각들을 문제시하고 공동체를 다시 생각해 보는 가능성을 확장하기 위해 공동체 없는 공동체라는 개념을 사용하였다.

『질적 연구에서 이론과 생각하기』라는 책에서 잭슨(Jackson)과 마쩨이(Mazzei)(2012)는 "이론과 함께 생각하기"(p.vii)의 목적은 기존의 지식을 단순화하는 것보다 새로운 지식을 창조하기 위한 가능성들을 열어놓는 것이라고 주장했다. 넓은 의미로는, 후기구조주의적 이론들은 "이러한 범주들의 자연스러움에 의문을 품으며"(Peters & Burbules, p.100) 사회적 현실, 진실, 지식, 주체성, 경험에 대한 기존의 지배적인 담론들을 재검토한다. 나는 편안하고 정형화된 방법의 경험, 사회적 현실, 지식, 연구의 이해를 흔들어 놓기 위한 잠정적 틀들을 제공한다는 점에서 후기구조주의적 이론들을 지지한다. 나는 또한 질적 연구에서 인간의 상호작용에서 자신/타자, 경험, 주체성에 대한 당연함을 깨기 위한 공간을 열기 위해 다양한 인식론적, 방법론적 틀들을 탐색할 것을 주장한다. 이론적으로 생각하기와 이론적인 생각의 개념을 통해 질적 탐구를 확장할 것을 제안하는 바이다.

후기구조주의에 기반한 질적연구는 경험의 다중적 재현으로 삼각검증법과 양도성을 강조한 과학적 지식의 신화를 해체하는 것을 포함한다. 그것은 연구를 실시하는데 "객관적인" 의미 분석과 주체성을 최소화하고, 연구자간 신뢰도와 삼각검증법을 강조하며 "최고의" 진행 절차를 적용하는 질적 연구에서의 도구적 관행에 이의를 제기한다(St. Pierre, 2017). 예를 들면, 레이더(Lather)(2007)는 "과학성의 편협한 해석"이나 진실은 아직 존재하지 않은 새로운 것을 구성하기 위해 재검토되어야 한다고 주장했다(p.153). 이러한 도전들, 혹은 *길 잃기(getting lost)*는 "중요하고", "엄정한" 연구를 실행하는 것의 공적 담론을 확장시킴으로써 연구의 발전을 고려하는 데 중요하다. 흔히 연구의 타당성과 유효한 교육적인 경험에 대한 논의는 다른 관점이나 연구방법들을 무력화하는 방향으로(예: 후기실증주의)로 나타난다. 연구에서 인식론적 폭력은 과학적 지식의 신화가 경험의 개념을 마치 고정되어 있고, 안정되고, 흠이 없는 것처럼 영구화할 때 발생한다. 모르는 것과 아직 알려지지 않은 것을 향한 개방성은 후기구조주의 질적 연구의 중요한 실천 가치이다.

이에 나는 질적 탐구에 정체성, 경험, 질적 연구에서의 재현을 표준화하려는 인식론적 폭력을 줄이는 방법론적 상상을 펼칠 것을 제안한다. 방법론적 상상은 유효하고, 신뢰할 수 있는 자료와 현실들의

"정확한" 재현을 정의하는 데 있어 마치 다를 수 있는 것처럼 보는 것(looking things as if they could be otherwise)을 말한다. 교육의 정상화된 실천과 연구는 이성의 성 규범, 유럽중심의 교육 관행들, 유대-기독교의 가치 등과 같은 사회적 규범을 따르지 않는 주체들을 배제시킨다. 이에 나는 심미적으로 영향을 받은 예술 프로젝트에 기반을 둔 이 책이 우리의 방법론적 상상과 함께 질적 연구로의 다른 접근법들을 검토할 더 많은 가능성을 제공하기를 바란다. 후기구조주의 이론들은 담론이 현실이 구성되어지는 방법들을 수정한다고 본다. 주체성은 실제의 상호작용이 발생하기 전에 미리 고정되고 집합적인 양상으로 존재하지 않는다. *젠더 트러블(Gender Trouble)*에서 버틀러(1999)는 주체들 간의 실제 상호작용을 고려하지 않고 이미 정해진 개인을 추정하는 정체성 정치(identity politics)에 의문을 제기했다. 집단적 우리됨(we-ness)은 미리 정해진 정체성을 따르지 않는 주체를 배제하는 또 다른 패권을 영구화한다. 이러한 버틀러의 생각과 함께 나는 자발적인, 독립적인, 완벽히 인지하는 자신(fully conscious self)과 같은 인본주의적 추정과 함께 본질적 개념을 넘어서는 경험과 주체성을 탐색하는 다른 접근법을 상상한다. 또한 나는 ARtS 학생들의 학습 경험과 그들의 주체성의 의미를 담론과 비담론을 통해 미국 오클라호마주 털사 지역의 사회 정치적, 문화적, 경제적 맥락 안에서 다른 상징적, 정치적 재현들을 검토함으로써 복잡화한다. 이 책에서 ARtS 경험의 재현은 질적 연구에서 표현의 위기(crisis of representation) 때문에 절대적으로 한정되어 있다. 하지만 나는 주체성, 현실, 경험의 개념들을 다르게 생각하면서 알려지지 않은, 탐색하지 않은 질적 연구의 틀을 지속적으로 열고 있다.

적극적 시민의식과 메타포들

그린(Greene)(2001)은 교육에서 메타포의 중요성을 강조하였다. 그녀는 다음과 같이 강조하였다.

> 우리는 사람들이 더 많이 인식하는 상황을 창출할 필요가 있다. 우리가 할 수 있는 일은 학생들이 알기를 바라는 점에 집중하는 것이다. 우리의 역할은 그들이 더 잘 찾을 수 있고, 우리가 이해하는 것을 나눌 수 있는 언어를 찾고(생각해 내고)-아마도 은유적 언어, 나아가는 것이다.(p.60)

사회 정의에 관심이 많은 교육자들로서 우리는 할 일이 너무도 많다. 우리가 극복해야 할 너무도 많은 도전과 분투할 부분들이 있다. 실제로 사회 변화를 위해 상상이 절실하게 필요하다. 그린이 언급하였듯이 학생들이 그들의 가능성과 희망을 탐색하게 하고 메타포와 함께 담론적 관행들로부터 다른 현실들을 꾸려나가는 "은유적 언어"를 만들어야 할 시간이다. 전문성 개발 시간에 시인이 마크 트웨인의 경찰과 시에 대한 유명한 연설을 소개하였다. 마크 트웨인은 "경찰에게서 진압봉과 권총을 없애자! 그리고 그들을 봄과 사랑의 시들로 무장한 시인들의 광장에 내보내자!"(Fatout, 1976, p.393)라고 천명하였다. 나는 ARtS Initiative를 통한 예술, 공동체, 사회 정의에 대한 대화를 (잠정적으로) 멈춘다. 나는 ARtS 학생들이 누렸듯이 독자들이 예술작품들로 적극적 시민의식과 공동체에 대한 그들 자신의 이해를 표현하기를 제안한다. 그것은 공동체 안에서의 무관심이나 미움이 아닌 사랑을 넘치게 할 행동이다. 그 예로 다음에서 갓난 아기라는 메타포로 나의 적극적 시민의식에 대한 생각을 나누겠다.

적극적 시민의식과 갓난아기

적극적 시민의식은 갓난아기
웃음은 형형색색의 솜사탕
보채는 울음은 피할 수 없는 진흙구멍
아이를 키우는 기쁨과 그 난처함은
예기치 않게 엮어진 울퉁불퉁함의 연속

하지만, 선하고 행복한 웃음 한 줌은
밤낮의 수천 번의 고충을 가셔주는 명약

갓난아기는 건전지
사회 변화를 위한 지친 마음이 충전 되고
지속되는 노력을 위한 활기찬 마음은
건전지로 재충전 되네
세상을 더 공정하고 공평하게 바꾸기 위해
아기와 다른 사람들을 위하여

갓난아기는 공동체를 꾸리는 사람
모든 사람들이 아기와 함께 하네
자신-타자의 분리는 불가능하지
희망으로 이 아기를 키우기 위해
절망 속에서도
그것은 아이가 아빠의 손가락을 믿음으로 잡게 하지

실제로, 갓난아기는 우리의 과업
새로 태어난 아기는 우리의 공동의 희망, 행동, 그리고 변화
아기는 사람의 적극적 변화를 유도하고
너와 나의 일이 단순히 분리되지 않는
진정한 우리의 공동체의 모습

일러두기

주요 부분의 수정으로 이 장의 일부분은 Moon, S (2016). Poststructural theorizing of “experiences”: Implications for qual-itative research and curriculum inquires. *Journal of Qualitative Inquiry, 2*(1), 33–65에 출판되었다.

부록: ARtS의 이미지들

ARtS Initiative는 학생들의 상상을 촉진하고 예술과 심미적 경험을 통해 그들이 세상을 새롭게 볼 수 있게 하는 것에 그 목적이 있다. 부록에서는 학생들의 학습 경험을 담은 이미지들을 수록하였다. ARtS Initiative는 주 2회로 9주 동안 구성된 방과 후 프로그램이다. 총 18회로 시, 점토 미술, 댄스의 각각의 예술 장르가 3주간 수업이 진행되었고, 학생들의 작품을 전시하고 성취도를 축하하기 위해 공동체 사람들과 갤러리의 밤을 열어 프로젝트를 마무리하였다. 부록에 수록된 이미지들은 ARtS Initiative의 이해를 도울 것이다.

✦ [사진 A.1] 핀치 팟 컵들

호프초등학교의 ARtS 학생들은 핀치팟 컵과 풍경을 만들어 두 가지의 다른 점토 프로젝트를 통해 시민의식의 의미를 탐색하였다. 학생들은 작품을 만드는 동안 적극적 시민의식과 공동체에서 서로를 어떻게 지지할지 생각해 보았다. 점토 미술 첫 번째 시간에 아이들은 핀치팟 점토컵을 제작하였다([사진 A.1－A.3]).

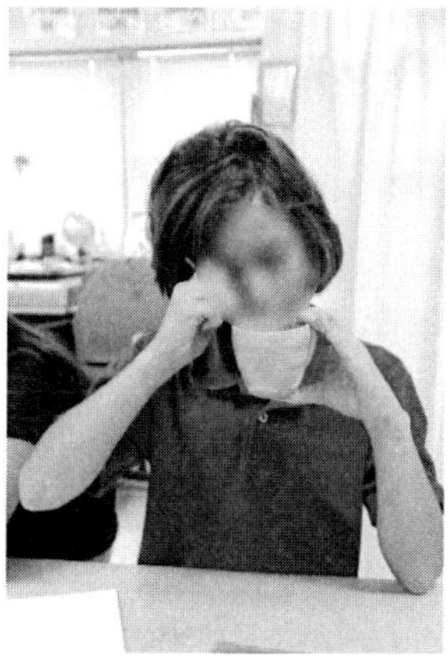

✦ [사진 A.2] 점토컵에 유약 바르기

✦ [사진 A.3] 갤러리의 점토컵 모음

자기 성찰적 생각들을 통해 서로의 의견을 나누는 것은 ARtS Initiative의 중요한 요소이다. 팀은 학생들에게 유약의 색을 고르게 하였고, 학생들은 자신에게 특정한 색들의 의미가 무엇인지 서로 이야기하였다(4장의 삽화 참조).

✦ [사진 A.4] 풍경들

✦ [사진 A.5] 공동체의 밤을 위한 풍경들

학생들은 점토로 만든 풍경 조각 하나하나를 꾸미고 연결하였다([사진 A.4와 A.5]). 이 작품들은 적극적 시민으로서의 공동체 안에서 개인의 역할과 다름과 함께 조화로운 공동체를 만드는 방법을 토론하는 데 많은 도움이 되었다.

✦ [사진 A.6] 바구니들과 공동체

두 번째 해의 ARtS 점토 미술가는 공동체와 자신－타자의 관계를 표현하여 바구니를 엮는 새로운 작품을 포함하였다([사진 A.6]). ARtS 팀은 가족들과 친구들을 위해 학생들의 작품들을 갤러리에 전시하였다. 공동체의 밤이 끝난 후 학생들은 작품들을 집으로 가져갔다.

ARtS 학생들은 접시를 디자인하고 꾸미는 것을 즐거워했다([사진 A.7]). 접시들은 다양한 모양들과 의미들을 내포하고 있었다(학생들의 디자인과 색상에 대한 해석은 3장을 참조).

✦ [사진 A.7] 접시들과 공동체

✦ [사진 A.8] 세계의 시민: "전쟁은 이제 그만 … 사랑을 원해요"

✦ [사진 A.9] 세계의 시민: "평화와 좋은 응원 속에 살기"

ARtS 학생들은 국내에 한정되지 않고 세계 공동체로 뻗은 시민의식에 대해 토론했다. 릭 루커(Rick Rucker)의 시, "세계 시민"은 지구 공동체의 적극적 시민의식에 대한 생각을 나누고 상상하는 플랫폼이 되었다. 학급의 어린이들은 7개의 소모임으로 나누어져 시를 그림으로 표현하였다. [사진 A.8]은 "전쟁은 이제 그만, 살인도 이제 그만, 파란 하늘과 사랑만, 참 좋아요!"를 표현한 것이고, [사진 A.9]는 "지구상에 사는 모든 사람들이 평화와 좋은 응원에서 살면 좋을텐데!"를 그림으로 나타낸 것이다.

✦ [사진 A.10] 공동체의 밤: 시낭송

ARtS 학생들은 여섯 번째 날에 시 짓기 활동을 마무리했고 공동체의 밤에서 낭독할 준비가 되었다. [사진 A.10]은 공동체의 밤에서 실제로 시를 낭독하는 장면이다.

✦ [사진 A.11] 적극적 시민의식에 대해 단체 율동 연습하기

댄스 활동 시간에 ARtS 학생들은 함께 안무를 디자인하는 작업을 진행하였다. 그들은 자신이 누구인지와 적극적 시민의식을 표현하기 위해 자신의 율동을 고안하였다. 율동의 순서를 정하고, 끝에는 그들이 본 것, 좋았던 점, 개선할 점에 대하여 함께 토론하였다([사진 A.11]).

✦ [사진 A.12] ARtS의 문화: 나누고 받아들이기

✦ [사진 A.13] 지원적 배움의 공동체로서의 ARtS

ARtS Initiative는 대학-공동체-학교 간의 협력관계의 프로젝트이다. 다양한 연령의 학생들은 적극적 시민의식과 공동체의 의미를 함께 토론하였다. [사진 A.12]에서는 대학교수인 션이 이바가 적극적 시민의식의 가능한 메타포들을 상상하도록 돕고 있다. 이바는 적극적 시민의식은 여름학교라는 시를 썼다. [사진 A.13]에서는 6학년 학생이 4학년 동생이 시 짓는 것을 돕고 있다.

✦ [사진 A.14] 환영하고, 인정하는 배움의 공동체로서의 ARtS

소그룹의 학생들이 적극적 시민의식과 공동체를 표현하는 율동을 어떻게 제작할지 토론하고 있다([사진 A.14]). 사진에서 학생들은 자신들의 처음 생각을 나누고 서로에게 건설적인 피드백을 주고 있다. 나는 ARtS Initiative 동안 이러한 편안하고, 환영하고, 지원하는 배움의 분위기를 그리기 바랐다. 편견은 존재하지 않고 오직 존중과 환영함이 번성하는 분위기 말이다.

참고문헌

본 QR코드를 스캔하시면, 'ARtS와 질적 연구'의
참고문헌을 참고하실 수 있습니다.

색인

저자 약력

문승호

로욜라 대학교 시카고(Loyola University Chicago) 사범대학 교육과정학 교수. 대표 저서로는 Curriculum Foundations Reader(2020, Palgrave, Ryan & Tocci 공저)가 있으며, 40편이 넘는 논문, 북챕터, 서평 등을 꾸준히 발표하고 있다. 미국 Teachers College, Columbia University의 은사이신 맥신 그린(Maxine Greene) 박사님의 명저 2편을 한국어로 소개한 바 있다: *상상의 나래펴기* (Releasing the Imagination, 2019, 박영스토리); 블루기타변주곡(Variations on a blue guitar 2011, 다빈치).

역자 약력

황여림

미국 오클라호마 주립대학교에서 교육과정학 박사과정을 졸업하고 풀짚공예박물관 학예사로 재직하며 박물관 교육프로그램 연구와 기획에 힘쓰고 있다. 논문으로는 *초국가시대 엄마역할하기 고찰을 통한 교육과정 이론화: 엮음의 미학을 통한 자신과 타자간의 상호관계성 연구*(M/othering in Transnational Space as Curriculum Theorizing: Investigating Inter-relationality in a Self/other Relationship through Weaving, 2018, ProQuest), *심장은 적극적 시민의식: 시민교육 다시 이미지화하기*(Heart is Active Citizenship: Reimaging Civic Education, 2017, Scientific Research, Moon, Nelson & Danely 공저), Weaving with M/other (2017, Vitae Scholasticae) 등이 있다.

ARtS와 질적 연구-이론과 현장의 만남

초판발행 2021년 7월 16일

지은이 문승호
옮긴이 황여림
펴낸이 노 현

편 집 배근하
기획/마케팅 조정빈
표지디자인 이미연
제 작 고철민·조영환

펴낸곳 ㈜ 피와이메이트
서울특별시 금천구 가산디지털2로 53 한라시그마밸리 210호(가산동)
등록 2014. 2. 12. 제2018-000080호
전 화 02)733-6771
f a x 02)736-4818
e-mail pys@pybook.co.kr
homepage www.pybook.co.kr
ISBN 979-11-6519-167-2 93180

* 파본은 구입하신 곳에서 교환해 드립니다. 본서의 무단복제행위를 금합니다.
* 역자와 협의하여 인지첩부를 생략합니다.

정 가 12,000원

박영스토리는 박영사와 함께하는 브랜드입니다.